创新创业教育

入门与实战

闫欣 / 编著

U0274477

清华大学出版社

北京

内 容 简 介

作为当今创新创业的重要主体，大学生年轻有活力，敢于冒险和尝试，但也面临着诸多挑战。本书旨在培养大学生的创业能力，拓展他们的创新思维，并介绍当前最新的商业模式与创业方法。

本书共8章，第1章为树立创新观念，主要介绍创新的概念、来源，以及如何培养创新意识；第2~7章分别介绍创业方向、市场分析、组建团队、筹备创业资金、商业模式及制订创业计划；第8章介绍了新企业的开办流程和管理方法。

本书可作为高等院校创新创业教育的通用教材，也可作为企业继续教育的培训教材，还可供有创业想法的在职青年作为拓宽视野、增长知识的自学用书。

图书在版编目（C I P）数据

创新创业教育入门与实战 / 闫欣编著. — 2版. — 北京 ：清华大学出版社，2024.4

ISBN 978-7-302-66021-7

Ⅰ．①创… Ⅱ．①闫… Ⅲ．①创造教育－高等学校－教材 Ⅳ．①G40-05

中国国家版本馆CIP数据核字(2024)第070117号

责任编辑：陈绿春
封面设计：潘国文
责任校对：胡伟民
责任印制：杨　艳
出版发行：清华大学出版社
　　　　网　　　址：https://www.tup.com.cn，https://www.wqxuetang.com
　　　　地　　　址：北京清华大学学研大厦A座　　邮　编：100084
　　　　社 总 机：010-83470000　　　　　　　邮　购：010-62786544
　　　　投稿与读者服务：010-62776969，c-service@tup.tsinghua.edu.cn
　　　　质量反馈：010-62772015，zhiliang@tup.tsinghua.edu.cn
印 装 者：小森印刷霸州有限公司
经　　销：全国新华书店
开　　本：170mm×240mm　　印　张：12.5　　字　数：235千字
版　　次：2017年3月第1版　2024年6月第2版　印　次：2024年6月第1次印刷
定　　价：49.00元

产品编号：100661-01

前言

广大青年学生是"大众创业，万众创新"的重要参与力量。依据中华人民共和国教育部《普通本科学校创业教育教学基本要求》文件精神，为推进高等院校创新创业教育和大学生自主创业工作，各高等院校加大了创新创业教育力度，将创新创业教育融入人才培养的全过程。本书是为培养大学生创造、创新、创业能力而编写的一本专用教材。

本书与上一版相比，在章节结构上做了适度调整，并对相关的内容和案例进行了更新。例如：对有关市场分析和组建团队方面的内容，在"拓宽市场"和"认识创业团队"章节新增了拓宽目标领域的常用策略和打造高效团队的方式；在筹备创业资金一章中，增加了更加详细的筹备渠道以及如何合理分配资金的内容；在制订创业计划一章中，新增了商业路演的内容。其他一些章节虽然题目和第一版一样，但其中运用的案例都是新的，同时新增了一些时下的创新创业故事。

1. 内容介绍

本书共 8 章，具体内容如下。

第 1 章为"树立创新观念"，主要介绍新时期背景下的"双创"需求，以及它们的新种类。

第 2 章为"选择创业方向"，结合创业原则与当前市场的实际情况，为创业者精心分析各种创业方向，以及创业机会的时机把握。

第 3 章为"市场分析"，主要从市场运作角度讲解创业时需要注意的地方，有效补充部分创业者的市场经验。

第 4 章为"组建团队"，介绍创业团队的重要性、团队的人员组成、团队的创建方法与技巧，以及高效团队的塑造方法等。

第 5 章为"筹备创业资金"，介绍一些目前筹备创业资金的主要渠道——自有资金、合资与融资、众筹、参与创业项目或创业竞赛，以及政府扶持资金。

第 6 章为"了解商业模式"，介绍商业模式的概念和组成结构，就如何选择合适的商业模式提供参考意见，并提供一些经典商业模式供学习。

第 7 章为"制订创业计划"，探讨正确书写一份创业计划书的重要性——不仅能打动投资人，更能指导初创企业的未来。

第 8 章为"新企业的开办"，主要介绍一些新企业在开办时的经验教训。

2. 主要特色

本书结合大学生群体的实际特点，帮助其了解和掌握创新与创业的相关知识和规律，提高其创新意识和创业能力。本书具有知识新颖、内容丰富、案例鲜活、贴近实际、注重素质培养和能力提升等特点。在编写过程中，内容取舍以实用、实际、实效为原则，精讲细练。案例贯穿全书，对各知识点和技能进行着重叙述，充分激发读者的思维活跃性，使其触类旁通、快乐学习。

3. 读者对象

本书可作为高等院校创新创业教育的通用教材，适合在校的大学生们阅读；也可作为企业继续教育的培训教材，还可供有创业想法的在职青年作为拓宽视野、增长知识的自学用书。

4. 作者和技术支持

本书由吉林动画学院设计学院的闫欣编著。由于作者水平有限，书中疏漏之处在所难免，如果有技术问题，请用微信扫描下面的二维码，联系相关人员解决。

技术支持

作者

2024 年 5 月

目录

第 1 章

树立创新观念

1.1 什么是创新

"创新"是所有人都不陌生的字眼。在"大众创业，万众创新"的大背景下，许多人响应号召走上了创新与创业的道路，致力于开辟属于自己的事业。随着时代的发展，不断涌现的新兴事物一点点扩展着人们对于创新的认知，创新已经被赋予了更多意义，不再局限于"首创"这一含义。在这样的情况下，我们也有必要重新理解"创新"的含义。

1.1.1 创新的定义

"创新"指的是为了满足各种需求，人类不断拓展对自身及客观世界的认知，对此进行实践，并产生一定结果的过程。具体来说，创新是指人为了实现一定的目的，对事物的整体或其中的某些部分进行变革，从而使其得以更新和发展的活动。

《广雅》有言："创，始也。""创"字有开始的意思，所以创造不是后造，而是始造。在一般情况下，"创造"一词含有造出一个前所未有的事物的意味，而创新从创造的基础上发展而来，重点落在"新"字上。那么，如何理解这个"新"字呢？新，既有新生的意味，又有更新的意味。前者与创造相似，强调前所未有；而后者则包含一个基础，强调在此基础上改变或突破。

英语中 innovation 一词来源于拉丁语，它有三层含义：其一，创造新的东西，即创造出原来没有的东西；其二，更新，指对原有事物中不合时宜的东西进行替换；其三，改变，即对原有事物的部分进行改造。因此，将innovation 翻译为"创新"再合适不过了。

可见，创新就是无中生有、从有到优、优中求变。在对"创新"的定义有了了解以后，可以沿此摸索创新的方向。

创新的类型

- 渐进式创新——根据客观规律，逐步调整事物中不合时宜的部分，让事物越来越好。
- 突破性创新——打破陈规，改变传统，让事物出现飞跃式改变。
- 再运用式创新——运用横向思维，以全新的方式应对原有事物。

创新并不是纸上谈兵，有了创新的想法后，下一步是如何通过实践使创新成为现实。

1.1.2　创新的意义

对于很多人来说，创新似乎只是少部分精英人群的事。事实上，不但每个人都有创新的可能，而且创新对于每个人来说都具有十分重要的意义。

小故事：人工智能对各行各业的冲击

2022年8月，在美国科罗拉多州举办的新兴数字艺术家竞赛中，一名参赛者提交了一幅名为《太空歌剧院》的画作，如图1-1所示，并获得了此次比赛"数字艺术/数字修饰照片"类别的一等奖。此消息一经公布，舆论一片哗然，不少艺术家公开质疑评比的结果，因为这幅画作并不是人类画师的作品，而是由名为Midjourney的人工智能程序生成的。

图1-1

在数月之前，同样被用来生成绘画的人工智能程序Disco diffusion还在被人嘲笑只能生成抽象的画面，无法生成具象的人物。而当《太空歌剧院》

横空出世以后，越来越多的人开始尝试使用 AI 绘画，算法的进步使 AI 生成的图片也越来越精美。由于 AI 绘画出图速度快，出图质量也较为稳定，一些设计、游戏公司已经开始考虑大范围使用 AI 生成所需的图片。

无独有偶，正当人们还在为 AI 绘画感到震惊的时候，2022 年年底，由 OpenAI 推出的人工智能对话聊天机器人 ChatGPT 再一次颠覆了人们的认知。在与 ChatGPT 进行对话时候，人们发现，ChatGPT 不仅能够像人一样与用户进行对话，还能够根据用户的需求和指令，生成各种类型和风格的文本。当用户向 ChatGPT 寻求意见时，它还能为用户提供有用的信息和建议。现在，除了 OpenAI，各大公司也开始研发与 ChatGPT 类似的人工智能，比如微软的 Newbing、百度的"文心一言"以及阿里巴巴的"通义千问"等，人工智能的时代似乎已经拉开了序幕，如图 1-2 所示。

图 1-2

尽管人工智能还有许多不足，在道德、法律层面，人们对使用人工智能生成内容的争议还在继续，但对于一些行业的从业者来说，人工智能的这些表现已经让他们产生了不小的危机感。随着技术的不断进步，未来还会出现很多震撼人心的发明创造，在不可逆的潮流中，如何与技术和谐相处、共同进步，是所有人要研究的共同课题。

由此可见，时代不断变化发展，人们也必须紧跟时代的步伐，拼命奔跑，才能保持在"原地"。对于画师来说，磨砺出属于自己的独创风格，是其在技术浪潮中得以生存的不二法门。就这一点而言，个人的创新能够为自身创造价值。而历史则无数次向人们证明，创新是社会和国家进步的动力。因此，无论对于国家、社会还是个人来说，创新都具有十分重大的意义。

1.1.3 创新的基础

虽然强调开创性，但创新也绝非空中楼阁，任何创新都是在一定基础上进行的。本书将创新的基础归为四类，下面将分别对这四类基础进行说明。

1. 脚踏实地，掌握基础知识

万丈高楼平地起，创新并非一蹴而就的，任何一项石破天惊的创新发明出现以前，都有一个逐步积累的过程。虽然说，天赋决定了一个人的上限，但对大部分人来说，进行创新还远远没有到需要拼天赋的地步。

熟悉和掌握一个领域中的基础，不仅能够随时调用基础知识，而且在进行探索时，也没有基础薄弱的忧虑。浅水难负载重之舟，所有的创新发明都需要坚实的基础作为支撑。此外，熟悉基础还能发现可以精简和改进的地方，从小处着手，对现有事物进行改造和更新。

2. 积极探索，关注前沿资讯

如果想在某一领域进行创新，了解这一领域的最新发展状况，能够帮助我们迅速厘清思路，找到可能获得突破的方向，从而抢占先机。了解最新的资讯还能够帮助我们打开思路、开阔视野，使我们在思绪混乱时，做到"柳暗花明又一村"。

每一次技术革命都会带来巨大的机遇，只有拥有敏锐嗅觉的人，才能乘上这股东风，创造属于自己的传奇。掌握前沿资讯，预测某个前沿技术对商业形态作用的大致发生时间，能够避免过早或过晚做出相应的计划和筹谋，这对于创新创业者来说尤为重要。

3. 集思广益，交流共进

很多创新都是集体智慧的结晶，并不都来自某位天才的创造发明。在寻求突破时，除了自己不断努力探索，有时还需要与人交流，集思广益。

在很多创新成果出来之前，可能已经有无数人为之奋斗过，我们只是站在巨人的肩膀上将其变为现实；而个人在探索时，有时可能会因为个人知识储备不足等陷入困境，虽然经过个人的努力，花上一定的时间也能打破僵局，但此时如果能够向更专业的人士寻求帮助，便能拨云见日，大幅提升创新速度，推进工作进程。

4. 转换角度，开拓思维

转换角度往往能够获得新的思路。逆向思维是与正向思维相对而言的，正向思维是指常规的、常识的、公认的或习惯的想法与做法。逆向思维则恰恰相反，是对传统、惯例、常识的反叛，是对常规的挑战。循规蹈矩的思维和按传统方式解决问题虽然简单，但容易使思路僵化、刻板，摆脱不掉习惯的束缚，得到的往往是屡见不鲜的答案。

其实，任何事物都具有多面性。由于受过去经验的影响，人们容易看到熟悉的一面，而对另一面却视而不见。逆向思维能逾越这一障碍，破除由经验和习惯造成的僵化认知模式，往往能让人耳目一新。

1.1.4 新时期的创新

以往凭借个人的天赋和努力，许多优秀人才能够取得常人难以企及的成绩，比如居里夫人、爱因斯坦等一众科学家。可是现在，我们的时代已经步入了飞速发展的新时期，此时创新需要新的能力，如果仍抱着自己埋头苦干，然后一举成名的想法，恐怕很难适应如今的创新环境。

在各个领域已经无限细分的今天，"闭门造车，出而合辙"已经很难成为现实。新时期的创新已经从以个人能力为主的单点突破式行为，演绎成资源整合型的团队协作方式。个人的天赋和努力固然重要，但团队合作不仅能够整合更多资源，还能使每个人都发挥长处，补齐短板。

此外，时代的发展越来越快，对于速度和效率的要求也越来越高。可是创新并不能随手拈来，有些创新产品既需要在研发时投入时间，在推出后还需要经过市场的检验和打磨。如何平衡效率与创新投入之间的关系，也是现在人们需要考虑的问题。

1.2 创新的来源

每个人都有创新的可能，但真正进行创新实践的人少之又少，其中，能够取得成功的人，更是凤毛麟角。有时，无法创新并非因为缺乏创新能力，而是缺乏创新的动力；无法取得创新的成功也并非不够努力，所选的方向、时代背景、运气、机缘等，也是潜在的影响因素。

一个成功的创新者善于有目的地、系统地思考问题，通过理性或感性的分析，掌握社会的期望、价值观和需求，采取行之有效且重点突出的措施，从小处起步，集中满足一项具体的要求，从而使创新能力充分释放，得到良好的创新效果。因此，如何最大限度地释放一个人的创新能力，是创新问题研究的主要方向之一。这里将创新能力的来源归纳为五点，分别为外部环境的压力、提升效率的需求、同行竞争的结果、精益求精的追求，以及探索中的偶然发现。

1.2.1　外部环境的压力

《孟子》中道："入则无法家拂士，出则无敌国外患者，国恒亡"，讲的就是"居安思危"的道理，没有竞争就会缺乏创新的动力，久而久之，就会自取灭亡。人的聪明才智需要在一定的压力场内才能得到释放，这就是为什么人们常说"压力就是动力""变压力为动力"。

小故事：破译 ENIGMA 密码

第二次世界大战期间，德国人发明了一种看似不可破译的密码——ENIGMA（谜）。ENIGMA 是一种用机器进行加密和解密的密码，这种密码被德军广泛使用，包括定位经常出没于大西洋运输线上的潜艇。战场局势瞬息万变，情报的收集和传递尤为重要，如果能掌握敌方的情报，在某种程度上来说就等同于开了"天眼"，总能在战略上先行一步，不仅能够影响战争走势，还能够挽救更多无辜人的性命。因此，破译 ENIGMA 密码变成了一项非常重要的工作。但在整整 13 年里，各家用尽方法都没能成功破译 ENIGMA。

最初，ENIGMA 是由波兰人进行破译的，虽然没能成功破译，但已经为之后的破译工作打下了一定基础。1939 年，德国闪击波兰前夕，波兰人将破译成果转交给了英国。在伦敦以北 100 千米的布莱切利公园，英国设立了一个专门进行密码破译的大本营，许多数学家、密码学家都聚集至此，苦思破译ENIGMA的方法，其中就包括艾伦·图灵。

ENIGMA的变化量级巨大，如果使用传统方式通过人力破译，只怕几千年也无法成功，这也是德军对ENIGMA十分自信的原因。面对这种人类难以完成的运算量，艾伦·图灵突然产生了与众不同的想法：之所以ENIGMA久久无法破译，是因为过去人们都只尝试用人工进行破译，但是如果使用机器呢？既然ENIGMA是通过机器进行替换加密的，那么，同样可以通过机器运算来破译。

在经过千难万险之后，图灵和他的团队终于制造出了一台机器——"炸弹"，如图1-3所示（《模仿游戏》中的剧照）。在分析得出ENIGMA的加密原理后，通过这台机器进行运算、试验，他们终于破译了ENIGMA，并获得了珍贵的战争情报，掌握了战争的主动权，为英美联军击败德国做出了突出贡献。

图1-3

这台机器便是所有计算机的前身，由此人类进入了一个全新的时代。后来，图灵在此基础上不断进行计算机科学与人工智能的研究，他的许多思想和预见也不断得到验证。1966年，国际计算机协会设立了"图灵奖"，专门用来奖励对计算机科学研究与推动计算机技术发展有卓越贡献的杰出科学家。

外部环境的压力往往会催生变革。这种压力有时不是可以舍弃的某种需求，而是生存的要求，在这种情境之下，求新求变就会成为一种必然选择。当然，大部分人一生中并不一定会遇到如此巨大的生存压力，但不可否认，在某些情况下，压力能够激发人的潜能和动力，推动变革的产生。

1.2.2　提升效率的需求

为了提升工作效率，某些人想出各种各样的办法，要不就是精简流程，要不就是改进工具。可以说，有很多创新事物都是"懒人"发明出来的。这些人的发明创造极大程度上解放了人们的双手，提高工作效率的同时，使人们能将更多精力花在自己身上。

<h2 style="text-align:center">小故事：复写纸</h2>

相信经常办公的人对复写纸并不陌生，无论是签合同、做票据还是存档文件，都需要用到它。那么，复写纸最初是如何被发明出来的呢？

19世纪初，很多商店为了扩大自己的客源，会向潜在客户寄信，介绍自己的产品。在伦敦经营着一家文具店的韦奇·伍德，也经常通过这种方式抄写一份又一份的产品介绍信分发给顾客。

在那个没有打印机和复印机的年代，手抄文件是一件效率低下又烦琐无聊的差事。韦奇·伍德日复一日地像机器人一样写着重复的广告，难免有些厌烦，就在心里想："能不能一遍就写出两封、三封信呢？"从事这样枯燥的工作，一般人都难免产生这样的想法，但与常人不同的是，韦奇·伍德不仅想了，而且真的想办法去做了。

在日复一日的抄写中，韦奇·伍德发现，重叠的纸上会留下上一张纸的字痕。他若有所思地看着这些凹陷的字痕，忽然灵光一闪，想道：既然字痕有印记但没颜色，那加上颜色不就可以了吗？

韦奇·伍德很快想出了一个为字痕加颜色的方法。他将一张薄纸放在蓝墨水中浸泡，然后夹在两张吸墨纸之间，让其干燥。在抄写广告时，将这张蓝色的纸夹在两张纸中间，在其中一张纸上书写，书写完成后，将这张纸和蓝色的纸都拿开，此时，底层的那张纸上不仅留有字痕，还能通过颜色辨认出文字。就这样，韦奇·伍德实现了他的"偷懒"想法。1806年，韦奇·伍德还获得了"复制信函文件装置"的专利权，"复写纸"也作为一项新事物进入了人们的日常生活。

韦奇·伍德的发明问世时，英国的商业活动已经很发达，复写纸大有用武之地。眼看他的发明大受欢迎，韦奇·伍德干脆办了一家工厂，专门生产这种复写纸。后来又经过一些改良，这就是今天我们常用的复写纸了，如图1-4所示。

图1-4

伴随时代的发展和科技的进步，越来越多用于提升效率的工具被发明出来，这些发明不仅极大地提升了生产效率，而且将很多人从烦琐的工作中解放出来，使更多人能够回归生活或者创造出更大的价值。

1.2.3　同行竞争的结果

有很多创新是在竞争中出现的。在商业领域，为了抢占更多的市场，同行之间的竞争有时候也会催生许多创新产物。良性竞争与适量的外部压力一样，在一定程度上能够推动创新的出现。

小故事：折叠屏手机

从"大哥大"到触屏智能手机，虽然现在的手机更新迭代的速度已经放缓了许多，新近出现的智能手机在功能和外观上已经没有太大的差别。在技术创新上，手机的发展似乎已经到了瓶颈期，每年发布的新产品更多是在细节处做出优化，并没有太多实质的改变。如何在这样的市场中杀出重围，抢占更多先机，成了各大手机厂商需要面对的问题。

而随着功能的不断扩展，除了基础的通话、上网功能，有时手机还需要满足办公、娱乐等需求。此前，办公和娱乐的功能常由计算机承担，但由于计算机过于笨重（无论是台式计算机还是笔记本计算机），于是出现了更轻巧的平板计算机。但尴尬的是，平板计算机虽然轻薄，但由于其形状的限制，却不够便携。于是有人想，何不将手机与平板计算机结合起来，制作一个既便携又有大屏体验的产品？

为了解决高清大屏和便携性这一对长期被认为无法调和的矛盾，在智能手机领域有所突破，2018 年，全球首款折叠屏手机柔宇 FlexPai 问世，如图 1-5 所示；2019 年，三星推出了首款折叠屏手机 Galaxy Fold。此后，各大品牌不甘落后，都开始研发折叠屏手机，以免重蹈覆辙，落入当年诺基亚的尴尬处境。

图 1-5

目前，折叠屏手机还处于发展状态，仍然存在很多问题，但各大厂商仍在加大对此方面的研发投入。折叠屏手机在技术上不断完善，适配软件也逐渐改进，可用性得到大幅提升。与此同时，折叠屏手机的价格也在不断降低，这就使折叠屏手机真正可以落地使用，成为智能手机的一项新选择。

1.2.4 精益求精的追求

对事物的改进、更新也属于创新的一种。事实上，正是由于一部分人的精益求精、不断探索，许多创新发明才得以问世。

小故事：U 型螺母的发明

在高速铁路运行时，由于高速行驶的列车与铁轨不断接触所形成的振动非常大，普通的螺钉在这样的振动中会松动，甚至脱落。而如果不想让螺钉松脱，那么就需要螺钉和螺母结合得十分稳固，永不松动才可以。这个要求虽然看起来很简单，但要满足它并不容易。尽管世界上做紧固件（螺钉、螺母）的企业多如繁星，但能生产这种永不松动的螺钉、螺母的企业当时仅有一家，那就是哈德洛克工业株式会社。

早在 1961 年，哈德洛克工业株式会社的社长若林克彦就发明了不会回转的螺母——U 型螺母。在参加工作 5 年后，若林克彦参观了在大阪举行的一次国际工业产品展示会，他从这次展会中拿回了一袋子资料和样品，就在这些材料中得到了灵感。在这些资料样品中，有一种防回旋的螺母吸引了他的注意力。若林克彦看出了这种螺母的市场潜力，可这种螺母结构复杂，价格偏高，所以就想用更简单的结构来代替。最终功夫不负有心人，没过多长时间，若林克彦就开发出了一种结构十分简单的防回旋螺母，其原理如图 1-6 所示。

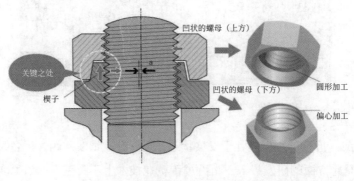

图 1-6

若林克彦把这种防回旋螺母取名为"U 型螺母"，并创立了一家公司来生产和销售这种 U 型螺母。这就是若林克彦创立的第一家公司——富士精密制作所。若林克彦开发出 U 型螺母仅用了 1 个多小时，但是把它推广到市场上却用了两年多的时间。随着 U 型螺母销售额的增加，若林克彦的信心也随之提高，打出了"绝不松动的螺母"的广告。可让他万万没想到的是，这句广告词给若林克彦带来了许多麻烦。一些装配在挖掘机和打桩机上的 U 型螺母因为振动过大而出现了松动，这引来了一些客户的投诉。当时，富士精密制作所月销售额已经达到 1 亿日元，虽然螺母出现松动的现象并不普遍，但也导致了公司中的很多人把那句"绝不松动的螺母"仅当作一句广告词来看待，并没有把这些投诉当回事。可是若林克彦却不这么想，他认为，既然自己已经公开声明了这种螺母是绝不松动的螺母，那就应该实现在任何条件下都不会松动。可是真的能做到这一点吗？对此，大家都持怀疑态度。

　　于是若林克彦不得已离开了自己创立的公司，他带走的只有 U 型螺母的专利。1974 年，若林克彦为了生产绝不松动的螺母又创立了第二家企业——哈德洛克（Hard Lock）工业株式会社。

　　若林克彦从古代木结构建筑中的榫头上得到了灵感，发明了永不松动的螺母，可等待他的却是和第一次创业时一样漫长而痛苦的推广之路。Hard Lock 螺母推广的最大障碍就是，其结构比一般螺母复杂得多，成本也更高，销售价格比普通的螺母要高 30% 左右。

　　在 Hard Lock 螺母没有产生销售收益时，除了靠 U 型螺母的专利费，若林克彦还不得不做一些其他工作来努力维持公司的运营。在若林克彦的努力推广下，终于有一家铁路公司采用了这种新螺母，也证明了新螺母的实力。

　　日本有很多铁路公司，这些公司对于这种耐振、防松脱的螺母的需求量很大，如果能够拿下这些公司的订单，就会给若林克彦和他的新公司带来极大的发展机会。最终，日本最大的铁路公司——JR 公司采用了 Hard Lock 螺母，并将其全面应用于日本新干线上。Hard Lock 螺母成为当时全世界唯一的、绝不松动的螺母，它不仅在日本得到了广泛使用，而且在世界各地的主要桥梁和建筑物中也可以见到这种螺母的身影。

　　理所当然，在看到 Hard Lock 螺母的成功后，很多的模仿者也对其进行模仿。实际上，Hard Lock 螺母的原理、结构都比较简单，哈德洛克工业株式会社在其网站上对此有详细的介绍。尽管模仿者很多，可成功者几乎没有。

发明这种结构的螺母的确不难，可是，要真正地将这种发明变成绝不松动的螺母，还需要在使用过程中不断改进。从若林克彦的公司的设立到 Hard Lock 螺母的全面使用，若林克彦花费了近 20 年的时间。在这 20 年中，不断地技术改进才成就了现在的 Hard Lock 螺母。

从 U 型螺母的案例来看，若林克彦在已有的螺母结构上进行改良，如同哈德洛克工业株式会社所说的："本公司常年积累的独特技术和诀窍，对不同的尺寸和材质有不同的对应偏芯量，这是 Hard Lock 螺母无法被模仿的关键所在。"

若林克彦对于螺母的不断改良，表现了他精益求精的精神。在这种精神的指引之下，最终创新出新的技术——与原本的技术相似，却更加精进。

1.2.5　探索中的偶然发现

在实践探索中，一些偶然可能会给人带来新的发现，或者让人产生创新的灵感。比如鲁班因被茅草割手而制作了锯子、瑞士工程师乔治·德·米斯特劳因苍耳粘在狗身上而发明了尼龙粘扣。

小故事：微波炉的发明

微波炉是厨房中常见的加热工具，它的出现使烹饪变得更加方便，极大地提升了人们生活的幸福感。然而，很多人不知道的是，微波炉的发明其实是一个偶然事件。

1946 年的某一天，在麻省理工学院辐射实验室工作的珀西·斯宾塞正在测试一根磁电管，试图发明一种更强大的微波发射磁电管。在试验过程中，他突然听到自己的口袋中发出了"嗞嗞"的异样声响，于是他立即停下试验检查口袋，结果发现，口袋中的一根巧克力棒居然融化了，成了一堆软软的巧克力酱。

一般人遇到这种情况，可能会认为是自己的体温使巧克力融化，或者直接忽视这堆融化的巧克力。但斯宾塞却没有这样想，他意识到了这里面的不同寻常，并迅速得出了一个更为科学的推断：是肉眼不可见的辐射光线使巧克力融化了。

为了证实这一推断，他立即取来一袋玉米粒，并将这袋玉米粒放在试验的磁电管附近。几分钟不到，玉米粒很快变成了爆米花，在实验室里飞溅了一地。次日清晨，斯宾塞又带着几枚生鸡蛋来到实验室。他在一个容器上凿了一个孔，把一只鸡蛋放入容器中，然后将小孔对准磁电管。一位好奇的同事由于凑得太近，最后脸上溅满了鸡蛋液。斯宾塞立即意识到鸡蛋是由内向外被加热的，由此产生的压力使蛋壳炸裂。他想到如果微波如此不同寻常，能够快速煮熟鸡蛋，那么其他食物呢？

斯宾塞继续试验磁电管，最后，他用箱子将其包装起来，作为一种烹饪美食的新工具推向市场。最早上市的微波炉大约有 6 英尺（约合 1.8 米）高，重达 750 磅（约合 340 千克），还必须用冷水冷却。在以后的岁月里，技术人员不断缩小微波炉的尺寸。今天，微波炉已成为我们日常生活中的必备家电，如图 1-7 所示。

图 1-7

当然，不是每一次偶然发现都能够引导创新，也不是每个人都能将这些偶然发现变为创新发明。在伦琴发现 X 光之前，有许多科学家都曾在实验过程中偶然观测到它，但最终只有伦琴正确归因，发现了 X 光，推动了医疗等领域的重大进步。所有偶然，其实都是多种因素作用下的必然结果，因此，创新发明仍然与人的不懈努力、善于观察等品质密不可分。

1.2.6 案例：乔布斯和第一代 iPhone

乔布斯是公认的创新大师、智能手机的开创者。但就是这样一位功绩卓著的创新者，却不会写代码，对于手机中的诸多技术也是一知半解。但就是这样的乔布斯，竟然成了新时期创新的领军者，他是如何做到的呢？

自从 iPod 推出后，乔布斯就一直希望将收发电子邮件、打电话、听音乐三大功能整合在一个设备上，与此同时，他还希望这款设备不仅要足够好看，还要尽可能使用方便，而且最好是触屏的。更夸张的是，乔布斯想让手机像计算机那样可以安装或删除程序。几乎所有人都认为这是异想天开，每次开会讨论，情况都不容乐观。大多数人认为，乔布斯的这种想法对于公司来说无异于自毁前程。

其他人认为乔布斯的设想不可行的原因

- 由于网络带宽的限制，想要在手机上快速浏览网页、下载音乐或影片，很难成为现实。
- 黑莓手机已经可以收发电子邮件了，而摩托罗拉也已经研发出了触屏手机，在这一方面没有更多创新，缺乏竞争力。
- 那时的技术不足以让手机像计算机一样，任意下载或删除程序，为手机制作类似计算机的操作系统，难度过大。

不过，尽管有很多人持反对意见，但乔布斯从未放弃任何可能。2003年，苹果公司甚至曾考虑收购摩托罗拉移动部分的业务，但是对当时的苹果公司来说，这起收购交易的成本太高，根本无力承担。

尽管困难重重，苹果公司终究靠着自己的力量，开始了这项几乎不可能完成的任务。2005—2006年，苹果公司设计了三个版本的 iPhone。在此过程中，许多工程师陆续离开公司。参与这个项目的主管之一，汤尼·费戴尔（Tony Fadell）说，iPhone 的开发任务堪比人类首次登陆月球，有太多的未知。

当时，乔布斯希望 iPhone 搭载 Mac OS X 操作系统，但要让该操作系统顺利地在手机上运行，就必须将程序缩小至原有的十分之一。为实现这一目标，工程师不得不重写程序代码，而且由于当时并没有开发出实际可用的手机芯片，工程师只能暂时用模拟的方式测试程序代码是否可用。

另一个难题是如何运用多点触控技术。尽管多点触控技术已经存在了许多年，但从来没有人将其运用在消费性电子产品上，更不用说将其应用于小尺寸屏幕的设备上了。除了要解决技术问题，苹果公司还必须找到能够应用这项技术的 LCD 显示屏厂商，并抢到他们的产能空档期。

　　此外，为了测试无线通信对人体的影响，苹果公司还设立了测试实验室，并购入大量设备，运用大脑模型测试人在使用手机时所受到的辐射强度。根据估计，为了研发第一代 iPhone，苹果公司总计砸下了 1.5 亿美元的资金。

　　2006 年，苹果开发出的第二版 iPhone 为铝制机身，相当有质感。这是乔布斯和设计总监艾维的得意之作，但却害惨了工程部门，因为金属材质会阻碍无线通信的传输。乔布斯和艾维都是"艺术家"，他们对于物理学一无所知，但批量生产却需要考虑实际情况，于是工程师们费尽唇舌，向两位大师解释其中的原理。

　　除了需要全力解决技术难题、完成每周 80 小时的超长工作，工程部门的另一个压力是不能和任何人透露自己的工作内容。众所周知，苹果公司内部门禁森严，非常注重保密制度，就连项目专员出差时，都必须伪装成其他公司的员工，决不能让别人发现自己来自苹果公司。向供应厂商提供电路图和工业设计图时也都十分谨慎，以免机密外泄。这些供货商完全不知道自己的产品是提供给 iPhone 使用的，直到产品发布会之后，才恍然大悟。

　　正是乔布斯提出的这些苛刻要求，以及他对上下游产业链的整合，最终促成了 iPhone 这一款跨时代的创新产品。但分析整个过程，我们可以发现，乔布斯本人并未在技术层面做出过贡献，只是对产品的研发方向进行了判断，对技术如何运用进行了选择。

　　由此可见，在这个时代，当创新正成为一种普遍现象时，谁能找到最丰富的连接途径，谁能做出最精准的判断，谁就有可能成为新时期伟大创新与创造的承担者。

1.3　培养创新意识

　　创新意识是在创新愿望和创新动机中产生的，这两个因素一方面受到外部环境的影响，另一方面则受到个人品质的影响。创新意识能够引导人制造出很多新事物，但唯独"创新意识"本身并不能被制造出来，而是在环境中自然而然地产生或者被激发出来。

在前文中提到，外部环境的压力在一定程度上能够催生创新发明，其中隐藏的逻辑其实是，在外部环境的压力下，出现了解决问题的需求，而当时当刻不具备解决此问题的现实条件，因此，亟须创新来解决问题。这是一种比较极端的情况，因为在这样的环境中，创新的急迫性较高而容错率较低。

在一般情况下，人为制造的高压环境并不能获得更多的创新，创新意识往往在较为宽松的环境中产生。"戴着镣铐跳舞"出现的成果固然令人叹服，但如果解除一些不必要的限制，也许能够产生更多的创新成果。

一个人的创造能力能否源源不断地释放出来，与环境有很大关系。环境是否鼓励创新，有没有相应的激励制度等，都影响着创造力的发挥。这就是为什么很多企业都通过制订好的创新激励制度，来持久地鼓励员工的创新行为，而国家则通过设立各种科技进步奖项、鼓励科技创新企业、提倡自主创新、实施 863 计划等一系列措施来鼓励民众的创新活动，从而提升国家的整体创新能力。

1.3.1　思维模式与创新意识

思维，简单来说就是思考问题的过程，包括人们对客观存在的认知、分析与推理，乃至得出的判断、结论和形成的对策。由于生活环境、所受教育程度的影响，不同人的思维模式也有所不同。

常见的思维模式

● 逆向思维

也称"求异思维"，它是对司空见惯的、似乎已成定论的事物或观点反过来思考的一种思维方式。敢于"反其道而思之"，让思维向对立面的方向发展，从问题的相反面深入探索，树立新思想，创立新形象。

● 直觉思维

指未经逐步分析，仅依据内在的感知，迅速对情况作出判断，对问题作出猜想，或者在百思不得其解之中，突然出现灵感和顿悟，甚至对未来事物的结果有预感、预言等。

直觉思维是一种心理现象，它在创造性思维活动的关键阶段起着极为重要的作用。直觉思维是完全可以有意识加以训练和培养的。凯库勒悟出苯分子的环状结构的过程，就是直觉思维发挥作用的例证。

● 分析思维

分析思维是指经过仔细研究、逐步分析，最后得出明确结论的思维方式，它以一次前进一步为特征，包括归纳推理、演绎推理、证明等逻辑思维。如警察通过线索、取证、对证等找出犯罪对象，学生推理论证几何题等，都是分析思维的具体体现。

● 发散思维

又称"辐射思维""放射思维""扩散思维"或"求异思维"。指大脑在思维时呈现的一种扩散状态的思维模式，它表现为思维视野广阔，思维呈现出多维发散状，如"一题多解""一事多写""一物多用"等。不少心理学家认为，发散思维是创造性思维的最主要特点，是测定创造力的主要标志之一。

● 聚合思维

指从已知信息中产生逻辑结论，从现成资料中寻求正确答案的一种有方向、有条理的思维方式。聚合思维法又称为"求同思维法""集中思维法""辐合思维法"和"同一思维法"等。聚合思维法是把广阔的思路聚集成一个焦点的方法。

聚合思维是一种有方向、有范围、有条理的收敛性思维方式，与发散思维相对。聚合思维也是从不同来源、不同材料、不同层次探求出一个正确答案的思维方法。因此，聚合思维对于从众多可能性的结果中迅速作出判断，得出结论是非常重要的。

● 抽象思维

用词进行判断、推理并得出结论的过程，又称"词的思维"或者"逻辑思维"。抽象思维以词为中介来反映现实，这是思维的本质特征，也是人的思维和动物心理的根本区别。

思维影响着人的认知，如果只以单一思维模式思考问题，很容易陷入路径依赖，从而形成思维定式，抑制创新意识的产生。因此，在某些时候，我们需要使用不同思维模式看待问题，开阔自己的视野，从而找到创新的可能。

小故事：便利贴

1966 年，斯宾塞·西尔弗获得博士学位，并进入 3M 公司工作，他所在研究小组的任务是研制一种更强力的黏合剂。

1968 年的一天，西尔弗博士正在做实验，根据实验要求，他需要把能够使分子聚合的化学试剂放入反应物中，因为分子聚合的程度将会影响黏合剂的黏度。像往常一样，他向化学试剂中放入反应物，但这一次，他不小心放得比往常多了一些。这点小小的变化使实验结果发生了改变，他发现，之前制备好的粒子没有如预期一样溶解，而是在溶剂里散开了。这一现象引起了西尔弗博士的兴趣，他继续实验，做了更多尝试。

但这些实验并没有帮助他制作出预期中黏度更强的黏合剂，相反，他制作出了一种奇怪的黏合剂——这种黏合剂黏度不弱，但用它黏合的物体却非常容易被剥离；但剥离之后，使用了黏合剂的部位仍然具有黏性，这也就意味着，它可以被反复使用。

最初，3M 公司的管理层对这种新型黏合剂并不感兴趣，因为它不比已有的黏合剂黏度更强，公司看不到此种黏合剂的商业价值，甚至西尔弗博士自己也不知道它的用途在哪里，更别说如何进入市场、实现盈利了。

但西尔弗博士坚信自己的发明一定有用武之地，但问题是，应该用在何处呢？在接下来的几年中，西尔弗博士不遗余力地向他周围的同事介绍自己的黏合剂，以至于同事们都戏称他为"坚持不懈先生"。当时，亚瑟·弗赖伊博士也在 3M 公司工作，他从另一位同事那里听说了这件事，便去听了西尔弗博士的报告，了解了这种特殊的黏合剂。

弗赖伊博士喜欢唱歌，是当地教堂唱诗班的成员。每周三的晚上，他都会去参加唱诗班的练习。在练习的过程中，他经常用一些纸片做歌词书签。但问题是，这些纸片书签总是掉下来，害得他不能及时找到歌词，弗赖伊博士经常为此感到苦恼。而在了解到西尔弗博士的黏合剂后，他突然想到，也许可以将此种黏合剂用在书签上，这样书签就不会掉下来，而且撕下书签也不会损坏书页。

于是，他向西尔弗博士要了一点样品，做了一个黏性书签，并在下一次练习的时候试了一下。他发现，这种书签很好用，只是在撕下来的时候会有一点残留。为了让黏合剂全部留在书签上，弗赖伊博士又做了一些改进，他把这种新书签发给同事们试用，但效果不是很好。

有一次，弗赖伊博士在写报告的时候想起一个问题，便撕了一点儿黏性书签把问题写在上面，之后贴在了报告的封面上。他的上司在书签上写下了答复，又贴在报告上返还给他。突然之间，弗赖伊博士想到了黏性书签的新用途——有粘贴功能的便签。

弗赖伊博士所在的研究小组又做了一些样品发给 3M 公司的同事们试用，这一次的反响很不错。经过一段艰难的市场化过程，小小便利贴（图 1-8）在几年之内成了办公室里的必需品，并销售到全世界。

图 1-8

便利贴的发明正是逆向思维（求异思维）运用的结果，与之相同的发明还有原本为"吹尘器"的吸尘器等。创新并不是一件困难的事，有时候只需要我们转变自己的思维模式，就能够看到崭新天地。

1.3.2 如何培养创新意识

既然创新意识对于创新实践来说如此重要，我们又应该如何培养创新意识呢？

首先，对于个人来说，要确立正确的世界观、人生观，奠定优秀性格的坚实思想基础。性格是在社会生活环境中形成、发展的，不同的社会制度、结构、风尚和习惯都会影响人的性格。一般来说，在先进的社会制度中，优秀性格就容易形成。

其次，学校和社会需要普及心理学知识，进行良好的性格教育。仅帮助创造者树立科学的世界观还不够，还必须针对创新的特点，对创造者进行系统的性格教育，使他们知道创新中哪些是良好的性格，哪些是不良的性格，克服意识障碍，破除消极的影响。有的创造者误将固执、狭隘和自负当作有独立性和自信，势必妨碍创造力的发展。要使创造者知道他们应该具备什么样的性格，以及怎样形成良好的性格等。

最后，应调动社会力量，尽可能地形成有利于创造的良好社会环境，使创造者在和谐、理解、支持、赞扬的环境气氛中健康发展，这对于塑造创造者的良好性格有明显的作用。一些创新教育开展得好的学校成了"创造者的摇篮"，学校老师和领导在学校大力倡导创新，开创造课、组织创造发明小组、办创造学校、组建创造协会、积极向社会推荐学生的创造产品、大力表彰有创造成绩的学生。经调查发现，这些学校的学生一般都有较优良的创造性格——大胆、开朗、勤奋、坦率、进取、谦虚和坚韧。如果我们整个社会都有这些学校的创造环境和气氛，对于创造者的性格塑造无疑是大为有利的。

从创新的本质来看，创新不仅是知识、经验、能力、技法的问题，更要求创造者具有强烈的动机、浓厚的兴趣、炽热的情感、坚强的意志和进取的性格。这些因素对渴望成才的大学生来说，尤为关键和重要。

大量的事实证明，有时能力平平的人比能力较强的人更具有创造力。这就告诉我们，在创造力开发和创新活动中，要十分重视创新人格因素的培养。

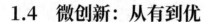

1.4 微创新：从有到优

2010 梦想者——网络草根创业与就业论坛，于 2010 年 9 月 19 日在北京国际会议中心举行。360 公司创始人周鸿祎在论坛上说："所有的公司应该立足一个'创'字，作为创业公司，创新非常重要。那怎么理解'创新'呢？很多人认为我们是小公司，我们是草根，我们做不出石破天惊的技术，我们也不能突然把这个行业颠覆了。由此，"微创新"一词开始进入公众视野，但是很多人却未必能真正了解它的内涵。那么，什么是微创新，又如何进行微创新呢？本节将对此进行说明。

1.4.1 微创新的概念

美国的创新专家德鲁·博迪和雅各布·戈登堡共同撰写了一本名为 *Inside the Box: A Proven System of Creativity for Breakthrough Results* 的书，中文版将此书的名字翻译为《微创新》，在这本书的原始标题中，我们可以找到微创新最为关键的一点——Inside the Box（在框架内）。

在一般情况下，当我们谈及创新的时候，经常强调要跳出框架，利用发散思维去寻找新点子、新想法。从理论上来说，这完全没问题，但在实际操作的过程中，我们会发现很难取得成效。当一群人围坐在一起进行"头脑风暴"时，经常会出现效率低下、为了创新而创新的情况，而其中产生的许多想法，也往往面临无法落地实施的困境。这种所谓的"跳出框架"，又何尝不是另一种框架，另一种思维定式呢？

那么，什么是在框架内呢？所谓的"框架内"就是与所需要解决的问题相关联的产品的各要素组成的系统，及其外部环境所构成的空间。举例来说，如果当前我们需要解决的问题是减少跌落对手机的伤害，那么手机的各个部件、使用手机的外部环境（跌落的高度、接触面的材质等），就构成了整个问题的框架。在着手解决问题时，就可以基于这个框架，对框架中的各个部分进行评估、改进，从而达到预期效果。

在此层面上，我们就可以知道，所谓的"微创新"，就是提出问题，根据当前所具备的条件和要素搭建起思维框架，然后在框架内找到可能的创新突破点，最终解决问题。这样做的好处是能够引导思考的方向，使思维条理清晰，不至于过于发散，而没有落点。

德鲁·博迪和雅各布·戈登堡在书中为微创新提供了五个策略，分别是减法策略、乘法策略、除法策略、任务统筹策略、属性相依策略，为了方便读者理解，本书将分别对这五种策略进行说明。

1. 减法策略

减法策略，顾名思义是将事物中某个部分删除，使余下的部分发挥作用，从而构成一个新事物。在实施减法策略时，首先要对事物进行拆解分析，依次列出事物的组成部分，并熟悉每个部分的相关功能，然后根据需求，剔除其中的部分内容。

以耳机为例，最早出现的耳机由听筒和耳机线组成，是有线耳机。有线耳机有很多优点，但不足之处在于，需要使用耳机线与设备相连，而且耳机线容易打结、损坏。后来出现的无线耳机去掉了耳机线，使用起来更方便，受到了大量用户的喜爱。

小故事：儿童电话手表

在智能手机还没有出现的时候，键盘是一部手机的标配。摩托罗拉公司首先进行了尝试，将键盘去掉，发明了没有键盘的手机 Mango，成为当年最具创意的 12 个营销产品之一。但这种没有键盘的手机只能接电话，不能拨打电话。试想，谁会使用没有拨号功能的电话呢？答案就是儿童。

随着智能手机的出现，儿童手机也发生了很大变化。很多厂家将手机和手表相结合，制作出了方便儿童携带的智能电话手表（图 1-9），并对其中的一些功能做出了限制，使电话手表成为家长关照孩子的工具，在一定程度上提高了儿童外出的安全性。

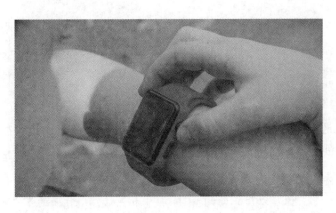

图 1-9

2. 乘法策略

乘法策略，就是对某个部件进行复制时，同时也需要对其加以改动，如果不改动，则无异于单一地添加，这样只会让产品变得更复杂、更啰嗦，丝毫没有提升它的价值。

在运用乘法策略时，要避免进入对产品或服务做简单加法的误区。先明确某个产品或者服务所处的框架，然后将框架内的某一部分进行复制并加以改动，观察改动后的产品变化，并思考这种变化所带来的结果。

不要针对部件的属性运用乘法策略，属性是部件的特征，例如闹铃的铃声是部件，但是铃声的分贝则是铃声的属性，单纯增加铃声的分贝，并不能起到创新效果。

小故事：乘法策略的广泛应用

剃须刀的乘法策略：如果你是做剃须刀的，一定要记住1971年这个划时代的年份。自从剃须刀被发明以来，剃须刀一直都采用单锋刀片。1971年，吉列公司推出了双锋剃须刀，革命性地取代了传统单锋刀片，男士们的剃须体验有了巨大飞跃，甚至触发了剃须刀行业的"刀锋大战"，3个刀锋，4个刀锋，5个刀锋，天啊，现在已经有6个刀锋的产品了。一个小小的"乘法策略"，对一个行业产生了巨大影响。

灯泡的乘法策略：那如果你是做灯泡的呢？你需要在电灯里，放三个灯泡吗？不一定。你可以试试做个"三路灯泡"。一个灯泡里，放两根钨丝，一根25瓦，一根50瓦。按一下开关，只点亮25瓦的钨丝；再按一下开关，只点亮50瓦的钨丝；再按一下开关，两根钨丝全部点亮；再按一下开关，全部熄灭。于是，你就有了一个三路灯泡。

手机的乘法策略：如果你是做手机的呢？试试添加两个镜头？基于这个尝试，出现了能自拍的手机。试试添加三个镜头？前置一个，后置两个？后置两个镜头，手机的拍照能力明显提升，甚至能拍3D视频。再试试添加两个屏幕？于是，你可以用正面的LCD屏幕看微信，用背面的墨水屏看书。

3. 除法策略

除法策略是把一个产品或一项服务分解成多个部分，再将这些分解后的部分进行重组，找出其可能具有的优点。经过分解和重组后的产品可能产生一种全新的功能，也可能以一种全新的形式呈现某个已有的功能。

除法策略可以具体细分为功能型除法策略、物理型除法策略和保留型除法策略。

- 功能型除法策略：将注意力放在产品的功能上，挑出产品或者服务中的某个功能，改变其位置，然后观察这种位置变化所带来的影响。比如空调，改变压缩机的位置，由原先室内的位置放到室外，这样屋内的热量减少了，噪声也减少了。
- 物理型除法策略：指对某个产品的实体随意进行分割，按随机原则分解成若干部分，例如，拼图游戏的产生就是物理型除法策略的具体体现。
- 保留型除法策略：指把产品按原样缩小并保证变小的产品依然保留原产品的功能和特性，例如，U盘、更小的食品包装袋等。

除法策略的关键在于分解和重组。因此，列举部件的清单非常重要，这是启动创新之旅的第一步。在重组方式的选择上，既可以选择按时间方式重组，也可以按空间方式重组。

小故事：U盘

U盘是很多人生活与工作中必不可少的小帮手，即插即用的方便特性，在这个信息化的时代给予了我们极大的帮助。但其实这个小小的 U 盘（图 1-10），是我国计算机存储领域的原创性发明成果。

图 1-10

U 盘的全称为"USB 闪存驱动器"，英文名为 USB flash drive。它是一种使用 USB 接口的无须物理驱动器的微型高容量移动存储设备，通过 USB 接口与计算机相连，实现即插即用。U 盘的称呼最早来源于朗科科技公司生产的一种新型存储设备，名为"优盘"，使用 USB 接口与计算机连接。U 盘连接到计算机的 USB 接口后，U 盘的资料可与计算机交换。而之后生产的采用类似技术的设备，由于朗科科技公司已进行专利注册，而不能再称为"优盘"，而改称谐音的"U 盘"。后来，U 盘这个称呼因其简单易记所以广为人知。

现任朗科科技公司董事长的邓国顺，便是 U 盘的主要发明者之一。1993 年，邓国顺硕士毕业后来到新加坡，先后在 3 家软件公司任职，后来还进入了世界名企飞利浦的亚太地区总部。在国外打工期间，他对企业的运转和流程等方面的知识有了深入的了解，他觉得这些知识今后一定能派上用场。

1998 年，邓国顺在好几次出差期间发现，他带去的软盘因不小心弄坏了，导致存储的资料无法读取。他当时就在思考，有没有一种全新的产品可以替代软盘？

1999 年，一个非常偶然的机会，他在新加坡认识了湖南老乡成晓华。两人一见如故，谈到了一个共同感兴趣的话题——整台计算机从主版、CPU 到鼠标、键盘都在不断更新换代，唯有软驱却多年不变，始终都是标准配置。

能不能抛弃软驱，做一款小巧、稳定且容量比一般软盘大许多倍的移动存储器呢？他们为该想法兴奋不已！32 岁的邓国顺从新加坡回国后，和成晓华研发出了替代传统软盘的革命性产品"优盘"，也称为"闪盘"。邓国顺仅对"优盘"申请的专利就已经超过了 150 件。

说干就干！邓国顺和成晓华放弃国外诱人的待遇毅然回国，在深圳市罗湖区租了一套房子，在没有任何现成产品可供借鉴的情况下，开始向一个完全陌生的领域进军。

经过一年多的摸索，一个名为"优盘"的存储器终于在他们手中诞生了。在第二届中国国际高新技术成果交易会上，邓国顺把一个比钥匙稍大的"优盘"样品挂在脖子上展示时，马上得到了多家公司的青睐。

新加坡上市公司 Trek 2000 international Ltd 和他们共同投资 888 万元人民币成立了深圳市朗科科技有限公司。从读书到创业，邓国顺心无旁骛，他的办公室里挂着一幅字，"成为移动存储和无线数据通信领域的全球领先者"，这就是他的目标和信念。

专利的优势也阶段性地体现到了朗科科技公司的业绩上。据该公司提供的数据，2003 年公司占据了国内 U 盘市场 50% 的份额，销量达 150 多万个，在短短的 3 年内，创造了销售 5 亿元人民币的奇迹，邓国顺也因此被 IT 业界誉为"闪存盘之父"。

4. 任务统筹策略

什么是任务统筹策略呢？通俗地讲，就是一专多能，即让整体之下的各个部分发挥以前没发挥过的功能，实现创新。

小故事：验证码与文档识别

在登录网站的时候，你经常需要输入验证码（图 1-11），而这种验证码大都出现在一张有扭曲图像的图片里，有些时候用户会感觉难以辨认，甚至需要变换几次图片才能看清并完成登录。你是否好奇，这到底是用来验证什么的呢？

类似的技术在 1997 年就问世了，但直到 2003 年才为世人所熟知，并被广泛应用和推广，而这背后的英雄就是卡内基梅隆大学的阿恩博士，实际上这项技术的名称 Captcha 也是阿恩博士提出的。而这项技术的首要目的就是要区分计算机和人类，因为只有人类才能从扭曲的图片中解析出正确的验证码信息。

图 1-11

在很多需要防止计算机欺诈和攻击的领域，Captcha 都被证明非常有效，也成为网站主和管理人员的不二选择。以美国票务代理商 Ticketmaster 为例，其涉及的票务领域包括体育、音乐和各种艺术活动，已到达数以百万的销售量，同样也曾深受"黄牛"的滋扰。"黄牛"会想尽办法抢占人气演出或者活动最好的座位，再以高价卖出攫取暴利，他们会在第一时间（几分钟内）从 Ticketmaster 的网站上把上千张票一扫而空。尽管 Ticketmaster 就每一位顾客可以购买票的数量做出了限制（道高一尺），但是"魔高一丈"，"黄牛"还是会通过计算机程序，假扮成不同的人登录网站，成功绕过购买规则买到票。受损更严重的是普通消费者，他们要么只能将就买一些没那么心仪的座位，要么就得咬咬牙购买黄牛手中的高价票。Captcha 的出现改变了这一切，只有人才能解读扭曲的验证信息，进而才能登录 Ticketmaster 网站。守住了这个环节，黄牛们的计算机程序也就无能为力了。确实，使用 Captcha，人们需要花费一点儿时间和精力（大概 10 秒）来破解验证代码。但与得到的收益相比，这点儿小小的代价是微不足道的。无论是像 Ticketmaster 这样的网站，还是普通的消费者都应该感谢阿恩博士的发明，人们得以享有更完善且更安全的系统，也能以较为公平的价格来购买紧俏的商品。

当然 Captcha 也有不尽如人意的地方，因为验证码的产生是随机的，所以在特定的场景下，人们可能会错误解读，有时会让人哭笑不得。曾经有位女士尝试登录她的雅虎邮箱，但系统却蹦出了"等待"（Wait）的验证关键字。不幸的是，她却当真了。她盯着屏幕，等待了20分钟，也没有等来屏幕的变化（当然也不可能有变化），最终无奈地联系雅虎的客服人员寻求帮助。从另一角度看，情况也可能会更糟，想象一下蹦出的验证关键字是"重启"（RESTART）会发生什么？

Captcha的另外一个目的（有人一度认为这比阻止黄牛更有意义）起初并不为人知，但时至今日应该已经是公开的秘密了，阿恩博士利用每天数以亿计的Captcha验证来达到扫描和数字化书籍的目的。有很多陈旧的印刷品书籍由于字体类型千奇百怪，印刷质量又差，即使是以现在的扫描技术，机器也很难识别，但是对于人进行阅读却不成问题。阿恩博士为此专门编写了一个程序，叫作reCaptcha，把计算机无法识别的文字注入Captcha中，然后交由网站的客户来一起破解。客户通过输入验证码的方式（以及交叉验证的方式），把这些机器难以辨认的纸质化信息数据化。更进一步的是，阿恩博士开源了reCaptcha程序，所有希望使用该程序的用户都能免费使用，这受到了很多主流网站的青睐，如雅虎和脸书。

那么，这个项目的结果如何呢？结果令人震惊，成就斐然。通过普通网络用户的努力，每年转录的文字相当于15万本书，这等同于37500名全职员工的工作量。在这些成就中，reCaptcha帮助《纽约时报》数字化其历史存档一直追溯到了1851年。

Captcha就是任务统筹策略的最佳实践案例。总结来说，其核心策略是给产品、服务中的某个部分，分配一个附加的任务或功能，让它在发挥原本作用的前提下完成新的任务。

5. 属性依存策略

属性依存策略的核心是给属性装上一根"进度条"。许多产品或服务都具备两种以上的属性，这些属性看似毫不相关，可一旦发生关联，让一个属性与另一个属性依存，就会引发创新的奇迹。

小故事：感温材料与茶杯

有这样一种变色马克杯，当杯内倒入热水或温水时，杯身上由感温材料（图1-12）制作的部分会根据温度变色。这样的感温材料在我们的生活中，还应用到了许多地方。

图1-12

随温度变色的咖啡杯盖：比如，如果我们给咖啡杯装上一根进度条，让它与温度互相依存，你可能会在你喜欢的咖啡厅里，看到一种可变色的咖啡杯盖。当杯里的咖啡很烫时，咖啡杯盖的颜色是红色的，随着咖啡温度的逐渐降低，杯盖会慢慢恢复成棕色。只要观察杯盖的颜色，就能了解咖啡的温度，从而避免被咖啡烫伤。

带温度标记的比萨饼包装盒：比如，如果我们给比萨饼的包装装上一根进度条，让它也与温度依存。澳大利亚的必胜客公司提出了一个"永不再吃冷比萨"的口号，他们在外卖比萨饼的包装盒上，装了一个温度标记，如果到手的比萨温度低于承诺的温度，顾客就可以不付钱或者少付钱。

1.4.2　案例：互联网+模式下的创新成果

互联网+是指在创新2.0（信息时代、知识社会的创新形态）推动下由互联网发展的新业态，也是在知识社会创新2.0推动下，由互联网形态演进、催生的经济社会发展新形态。

互联网+，简单来说就是"互联网+传统行业"，随着科学技术的发展，利用信息和互联网平台，使互联网与传统行业融合，利用互联网具备的优势特点，创造新的发展机会。互联网＋通过其自身的优势，对传统行业进行优化、升级、转型，使传统行业能够适应当下的新发展，从而最终推动社会不断向前发展。

在我国，互联网＋理念的提出，最早可以追溯到 2012 年 11 月，于扬在易观第五届移动互联网博览会上的发言。易观国际集团董事长兼首席执行官于扬首次提出"互联网＋"的理念。他认为：在未来，"互联网＋"公式应该是我们所在的行业的产品和服务，在与我们未来看到的多屏全网跨平台用户场景结合之后产生的这样一种化学公式。我们可以按照这样的思路找到若干这样的想法。而怎么找到你所在行业的"互联网＋"，则是企业需要思考的问题。

随着信息化的不断发展，互联网＋作为互联网思维的进一步实践成果，推动经济形态不断地发生演变，从而激发社会经济实体的生命力，为改革、创新、发展提供了广阔的网络平台。互联网＋并不是互联网与传统行业的简单相加，而是利用信息通信技术以及互联网平台，让互联网与传统行业进行深度融合，创造新的发展生态。它代表一种新的社会形态，即充分发挥互联网在社会资源配置中的优化和集成作用，将互联网的创新成果深度融合于经济、社会的各领域之中，提升全社会的创新力和生产力，形成更广泛的以互联网为基础设施和实现工具的经济发展新形态。

互联网＋有六大特征，具体如下。

一是跨界融合。＋就是跨界，就是变革，就是开放，就是重塑融合。敢于跨界了，创新的基础就更坚实了；融合协同了，群体智能才会实现，从研发到产业化的路径才会更垂直。融合本身也指代身份的融合，客户消费转化为投资，伙伴参与创新，等等，不一而足。

二是创新驱动。中国粗放的资源驱动型增长方式早就难以为继，必须转变到创新驱动发展这条正确的道路上来。这正是互联网的特质，用所谓的互联网思维来求变、来自我革命，也更能发挥创新的力量。

三是重塑结构。信息革命、全球化、互联网业已打破了原有的社会结构、经济结构、地缘结构、文化结构。权力、议事规则、话语权不断在发生变化。

互联网＋社会治理、虚拟社会治理会有很大的不同。

四是尊重人性。人性是推动科技进步、经济增长、社会进步、文化繁荣的最根本力量。互联网的力量之强大，最根本的也是来源于对人性的最大限度的尊重、对人体验的敬畏、对人的创造性发挥的重视。例如 UGC，例如卷入式营销，例如共享经济。

五是开放生态。关于互联网＋，生态是非常重要的特征，而生态的本身就是开放的。我们推进互联网＋，其中一个重要的方向就是要把过去制约创新的环节化解掉，把孤岛式创新连接起来，让研发由人性决定的市场驱动，让创业并努力者有机会实现价值。

六是连接一切。连接是有层次的，可连接性是有差异的，连接的价值是相差很大的，但是连接一切是互联网＋的目标。

第 2 章

选择创业方向

2.1 什么是创业

当"大众创业、万众创新"一度成为国家战略，当一群刚毕业的大学生揣着父母给的钱闯入商海，当无数年轻人办公司、开工厂，当创业已经成为泛滥的洪流，我们已经忘记了创业的本质。前几年的中国，创业已经成了狭隘的名词，中国式创业已经进入了极大的误区。特别是大学生们，好像你没有创业就不会成功，如果你不创业都不好意思见人。

2.1.1 创业的概念

创业是创业者对自己拥有的资源或通过努力对能够拥有的资源进行优化整合，从而创造出更大经济或社会价值的过程。创业是一种劳动方式，是一种需要创业者运营、组织、运用服务、技术、器物作业的思考、推理和判断的行为。

根据杰夫里·提蒙斯所著的创业教育领域的经典教科书《创业创造》的定义，创业是一种思考、推理，结合运气的行为方式，它为运气带来的机会所驱动，需要在方法上全盘考虑并拥有和谐的领导能力。

创业是商业领域中的一股创新力量，它以微小的成就带来点滴的喜悦，致力于发掘和创造新事物，如新产品、新市场、新的生产过程或原材料，以及用新方法组织现有技术。创业的机会是如何出现并被特定的个体发现或创造的，这些人如何运用各种方法去利用和开发这些机会，然后产生各种结果。创业是一个人的行动，他发现了商机并采取实际行动，将其转化为具体的社会形态，从中获取利益并实现价值。

简单来说，创业是将现有资源商业化的过程。在这个过程中，要么满足市场需求，要么创造市场需求。

2.1.2 创业的意义

从"马斯洛五层次需求"理论来看，个人需求的满足主要是通过两个层级予以实现的。第一个层级是"低层级、偏物质基础"的生理需求、安全需求与社交需求；第二层级是"高层级、偏精神追求"的尊重需求与自我实现需求。而创业活动，实际上也是个人各层次需求的实现过程，不过相对非创业活动，我们认为其根本区别在于，物质基础更雄厚，精神追求更高远。

● 生理需求、安全需求与社交需求

通过创业，你可以用勤奋的劳动换取丰厚的财富回报，你将大幅改善个人与家庭的生活质量，从而为满足个人的生理需求与安全需求提供充裕的物质基础条件，这也是一般的"上班族"永远都难以企及的。著名创业管理研究专家蒂莫斯认为："1993 年，美国大约 200 万个富翁中的大多数人，都是通过创业积累的财富。"不过，获得高额财富回报的前提是，你要能够承受可能存在的各类创业风险，包括财务风险、市场风险、管理风险等。作为一个国家或者地区经济发展中至关重要的一部分，新创企业的一切活动都是"参与社交"的活动。因此，通过创业，你个人的社交需求也会在其过程中自然而然地得到满足。例如，创业团队的组建、合作，是创业团队成员彼此之间社交需求满足的重要过程。

● 尊重需求与自我实现需求

创业过程中获得的尊重需求与自我实现需求，往往远高于其他非创业途径所获得的满足，这也算是"创业改变命运"的集中体现了。

首先，是获得根本性的个人独立与自由。通过创业，在建立稳定、丰厚物质基础的前提下，你可以在时间、工作规则、财务等方面获得相对的自由，至少不受他人的约束，当然，其前提是创业成功。其中，获取财务自由也是众多创业者的主要创业动机之一。

其次，是获得极大的自我满足感。通过创业，你可以将个人的知识产权、擅长技术、才华技能、兴趣爱好等转变为创业项目或者经营业务，并在创业活动中继续发挥自己的知识与技能优势、特长爱好等，从而实现极大的自我满足。另外，也有很多创业者创业的目的是实现自己对人生的挑战，其挑战成功将是创业者最大的自我满足。

然后，是获得充分的社会尊重。创业一旦成功，无论是创业者个人对外展示的非凡能力与人格魅力，还是企业为顾客、社会乃至于国家所创造的价值，都足以让创业者获得巨大的成就感。与此同时，其能力越强、创造价值越大，其个人荣誉就越多，社会地位也会随之不断提升。例如，众多白手起家的成功创业者或企业家，具有极大的社会影响力，也是大学生以及新的创业者所崇拜的偶像、所模仿的对象，这也促使着更多的大学生选择创业。

最后，是促进个人素质与能力不断提升。创业对创业者的能力与素质要求还是比较高的。在创业过程中，你的素质与能力将会得到充分的锻炼与大幅度的提升，这也是创业者进一步实现自我价值的内在源泉。但是，我们并不提倡在条件不充分的情况下，仅为了锻炼能力而创业，去承受不必要的风险。何况，创业也并非锻炼与提升能力的唯一途径。

2.1.3　创新与创业的关系

虽然"创业"与"创新"是两个不同的概念，但是两个范畴之间却存在着本质上的联系，内涵上的相互包容和实践过程中的互动发展。第一次提出了创新概念的奥地利著名经济学家熊波特认为，创新是生产要素和生产条件的一种从未有过的新组合，这种新组合能够使原来的成本曲线不断更新，由此会产生超额利润或潜在的超额利润。创新活动的这些本质内涵，体现着它与创业活动性质上的一致性和关联性。

创新是创业的基础，而创业推动着创新。从总体上讲，科学技术、思想观念的创新，在促进着人们物质生产和生活方式的变革，引发新的生产、生活方式，进而为整个社会不断地提供新的消费需求，这是创业活动之所以源源不断的根本动因；另一方面，创业在本质上是人们的一种创新性实践活动。无论是何种性质、类型的创业活动，它们都有一个共同的特征，那就是创业是主体的一种能动的、开创性的实践活动，是一种高度的自主行为，在创业实践的过程中，主体的主观能动性将会得到充分的发挥和张扬，正是这种主体能动性充分体现了创业的创新性特征。创新与创业的关系可以总结为如下3点。

● 创新是创业的本质与源泉

经济学家熊波特曾提出："创业包括创新和未曾尝试过的技术。"创业者在创业的过程中只有具有持续不断的创新思维和创新意识，才可能产生新的富有创意的想法和方案，才可能不断寻求新的模式、新的思路，最终获得创业的成功。

● 创新的价值在于创业

从一定程度上讲，创新的价值就在于将潜在的知识、技术和市场机会转变为现实生产力，实现社会财富的增长，造福于人类社会。而实现这种转化的根本途径就是创业。创业者可能不是创新者或发明家，但必须具有能发现潜在商机的能力和敢于冒险的精神；创新者也并不一定是创业者或企业家，但是创新的成果则是经由创业者推向市场的，使潜在的价值市场化，创新成果才能转化为现实生产力。这也侧面验证了创新与创业的相互关系。

● 创业推动并深化创新

创业可以推动新发明、新产品或新服务的不断涌现，创造出新的市场需求，从而进一步推动和深化各方面的创新，因而也就提高了企业或整个国家的创新能力，推动经济的增长。

如果说创业释放的巨大红利是中国经济"巨大韧性"的一个内涵，那么创新就是另一个重要的内涵。中国经济要向中高端迈进，关键要发挥"创新"的智慧。为此，要尊重和发挥地方、基层、群众的首创精神，从实践中寻找最佳方案，要营造有利于大众创业、市场主体创新的政策环境和制度环境。政府要加快转变职能，创造更好的市场竞争环境，培育市场化的创新机制。要以政府自身革命带动重要领域改革，以大众创业、万众创新形成发展的新动力。

2.1.4 新时期的创业

随着"大众创新，万众创业"号召的提出，创业已经成了当下大众最关注的热点，创新创业无疑是这个时代进步的标志。而人才是创新驱动的根本，广大青年作为时代的主人，更需要培养创新创业的意识。纵观各国建设创新型国家的发展史，各国都在不断改进对创新人才的政策保障，在科技人才的培养与教育上，力求完善。以日本为例，为了应对激烈的人才竞争形势、强化国际竞争力，日本政府制定多项政策，培养和吸引多样化的高层次创新人才，使人才创新竞争力大幅增强。成功的案例告诉我们，要实现提高国家创新能力、助推新常态发展的目标，必须在继承借鉴中发展，重视创新人才的培养与引进，护航创新型国家的建设。

随着"双创"社会的提出，创业成为时下热门的词汇之一。面对日趋紧张的就业现状，很多大学生在毕业之时会选择通过创业博取未来。在这样的背景下，关于怎样取得创业的成功在社会上也产生了各种各样的声音。有人说创业要有好的项目，有人说创业需要政府扶持，还有人说创业需要脚踏实地。但创业最首要的任务应当是转变观念，心怀梦想而创业。作为当代青年，我们不仅要有进步的觉醒，更要有创新创业的意识。

2.1.5 案例：自媒体与返乡创业潮

近年来，短视频平台上有一类视频大量涌现，越来越多习惯了都市生活的年轻人开始告别城市，去农村开启向往的田园生活，有很多"三农"类视频自媒体火了起来。

随着乡村振兴计划的落实，农村有很多的创业机会，吸引了众多有志青年返乡创业。

现在越来越多的人知道自媒体在创业中的重要性，一些"三农"创业者，通过做自媒体，不仅把自己的事业越做越大，也帮助了乡亲们共同致富。

来自江西赣州的"华农兄弟"是由两人组成的自媒体组合，出镜的是刘苏良，另外的胡跃清负责摄影、剪辑和运营，两个人是初中同学，初中毕业后外出打工多年后，决定回乡创业。

他们刚开始养殖竹鼠，在养殖和寻找销路方面都遇到了比较大的困难，不过都逐一克服解决了。后来他们运营的自媒体账号逐步稳定下来，他们也会拍摄一些村里的风景、家乡美食的制作、地里田间的劳作，结果人气越来越高。

"华农兄弟"创作的视频内容朴实且接近生活，语言幽默风趣，在经过营销推广之后，很快就在互联网上大火特火，粉丝数量迅速增长。当然，在积攒了一定的人气之后，"华农兄弟"并没有只局限于自己的发展。刘苏良说："作为一名创业多年的自媒体人，我想发挥自己的优势帮助返乡创业的年轻人。"他们在创客中心举办免费的电商销售、短视频制作培训，还通过直播帮助农户卖出大量赣南特产，有力推动了乡村经济的发展。

"三农"领域的自媒体创作为不少农村返乡创业青年提供了一个很好的平台，他们通过自己的不断努力获得了丰厚的报酬。

"三农"自媒体还要努力学习，不断丰富自己的专业知识和相关领域知识，扩大知识面，这样才能更高效地产生内容。

2.2　选择创业方向

生意场有一句很流行的话："做熟不做生。"这句话能流行自然有它的道理。创业领域没有好坏之分，也没有对与错，只有适合与不适合。每个人都有各自的优势和特长，创业者必须认真分析自己的特点，找到适合自己做的事业，才能达到事半功倍的效果。而选择自己熟悉的领域入手是一条捷径。特别是在创业初期，能否做下去，在很大程度上取决于创业者对这个项目的熟悉程度。如果创业者坚持涉足自己并不熟悉的领域，就一定要慎之又慎。

2.2.1　找到兴趣领域

对于成功创业，比尔·盖茨曾说过这样一句高度概括的话："做自己最擅长的。"微软公司创立时只有比尔·盖茨和艾伦两个人，他们最大的长处是编程技术和法律经验。两个人立足于自己的长处，成功奠定了在这个领域的坚实基础。在以后的 20 多年里，他们一直不改初衷，"顽固"地在软件领域耕耘，任凭信息产业和经济环境风云变幻，从来没有考虑过涉足其他领域。结果，他们有了今天的成就。

如果你用心去观察那些成大事的成功者，他们都有一个共同的特征——心中有一把丈量自己的尺子，知道自己该干什么，不该干什么。有了自知之明，就可以扬长避短，再抓住发展机遇，这个世界上便有了"塑料大王""汽车大王""钢铁大王"等企业巨人。

正如一个国家选择经济战略一样，每个人都应该选择自己最擅长的创业项目，做自己最擅长的事。换句话说，当你在与人相比时，不必羡慕别人，你自己的专长对你才是最有利的，这就是经济学强调的"比较利益"。

2.2.2　了解市场现状

当下处在飞速变化的时代，尤其现在是网络飞速发展的时代，网络已经成为我们的第二生活，我们一定要及时更新和了解现有的市场数据资料。如果我们还在咀嚼过去的成功、过去的模式、过去的思维，就难免被时代的列车抛弃。特别是想要在传统企业方面创业的创业者，一定要正视市场的变化、网络的发展、思维的调整。

从某种意义上来说，市场永远存在机会。对于一些成功的企业而言，虽然成功的方法有很多，但它们都有自己独特的模式，沉淀了许多管理方法和运作模式，形成了自己独特的思维和意识。中小企业及创业者们只有紧跟市场的发展，把握市场的变化轨迹，掌握战略制胜点，才有可能在一个新的行业中诞生并得到快速发展。

尤其要去了解目标市场的规模、具体的消费群体，以及销售渠道和销售方法。磨刀不误砍柴工，只有事先对市场现状有了比较充分的了解，才能有的放矢地进行创新创业。

2.2.3　认识个人能力

可能所有的创业者都觉得资本是创业最重要的因素，倘若没有资本，自己就一无所有，创业更无从谈起。诚然，对创业来说，资本非常重要，但除此之外，还有其他一些关乎大局的因素，例如技术。创业离不开技术支持，没有技术如同鸿鹄失去展翅翱翔的羽翼，空有凌云之志，却无法奋发腾飞。从某种意义上讲，技术是创业的资本，也是发展的原动力。在全民创业的"群英谱"中，有很多拥有技术并在创业道路上奋发前行的创业者，他们正试图通过自身的技术开启财富之门。如果你本身拥有某项技术，那么它就可能成为你创业的突破口。

在开始创业之前，创业者需要对自身的能力进行评估，找到适合自己的定位。需要明确的一点是，如今靠单打独斗创业出头的机会已经很少了，绝大多数都是团队创业。那么，找准自己在团队中的定位，最大限度地发挥自己的才干，与团队充分磨合，才有助于创业的顺利展开。

2.2.4　整合可用资源

就算是白手起家，也需要建立起自己的资源网络，包括且不限于资金、人脉、技术支持等一系列资源。

对于很多人，尤其是刚刚步入社会的学生来说，这里有一个心态转变的过程。可以将搜集资源看作学校中共同完成一个项目的小组合作。不同的是，小组作业由老师作为评判人，且小组成员相互之间的利益牵涉并不深，而且由于是课程作业，带有一定的强制性，所以一些组员的动力不足，而在进行创业时，这种小组合作更多的是各取所需的资源交换，会涉及评估与评判，此时，小组成员的主观能动性更强。

此外，还需要合理配置手中的资源，根据创业需求将资源（如人员、资金等）放置于合适的位置。

2.3　把握创业机会

创业是发现市场需求，寻找市场机会，通过投资经营企业满足这种需求的活动。创业活动的本质体现在创业活动是机会导向的，创业往往是从发现、把握、利用某个或某些商业机会开始的。创业活动的机会导向表现为创造价值，创业意味着要向顾客提供有价值的产品和服务，通过产品和服务使消费者的需求得到实质性的满足。创业活动的机会导向决定了创业活动必须加快速度，并做到超前行动。创业活动是在资源不足的情况下把握机会，创业者必须创造性地整合资源。创业的实质是创新和变革，没有创新的创业活动难以生存和发展。如何识别与把握创业机会并成功创业，是创业者亟待解决的问题。

2.3.1　熟悉相关政策

由于创业存在很多风险，对于创业者来说，在着手创业之前，了解相关政策不仅能够规避法律风险，在一定程度上还能获得相关政策的扶持，获得启动项目的资金或资源。

大部分高校每年都会举办创新创业大赛，对于大学生来说，这不仅是获取学分的途径，也是一次合作锻炼的机会。

而对于社会人士来说，积极关注政府门户网站的各类消息，能够快速获知政府的各项扶持政策，这对于处于创业初期的人来说，是相当不错的助力。

2.3.2　获取前沿资讯

除了需要熟悉相关政策，如果选择的创业方向较为新颖，那么，就需要关注前沿资讯。尤其是数码科技这类飞速迭代发展的领域，需要不断地学习、探索。

小故事：何同学和5G技术

提起5G通信（图2-1），经常上网"冲浪"的人一定对"何同学"不陌生。2019年前，5G网络还没有像现在这般普及，而就在2019年6月，一条名为《有多快？ 5G在日常使用中的真实体验》的视频迅速在B站（哔哩哔哩弹幕网）和新浪微博传播。

图 2-1

2.3.3 发现市场需求

不是所有创业都是在技术层面求新的，就商业化来说，最重要的是把握市场需求。一方面是根据已有市场需求进行创业，另一方面则是挖掘市场的潜在需求。在此需要注意的是，挖掘市场需求并不意味着随意"创造"需求，有些时候，消费者存在一定的需求，但他们并不能很好地将需求表述出来，那么，如何使这种需求显现并获得商业化的可能，就是创业者需要考虑的问题。

小故事：付费自习室

在各种因素的作用下，近年来，越来越多的人开始专注自我提升，图书馆的自习室里的身影逐渐增多，很多公立图书馆出现了座位不够用的情况。那么，这些抱着书本、提着笔记本电脑的人，要去往何处呢？

付费自习室就是在这种情况下遍地开花的，如图 2-2 所示。

图 2-2

2.3.4　案例：饿了么的创业始末

在媒体采访时，"饿了么"CEO 张旭豪道出了自己在创业时的一些感悟。

2008 年，还在上海交通大学读硕士一年级的张旭豪认为，只要自己做的东西被市场认可，那就是有价值的。在一天晚上，他和室友一边打游戏一边聊天，当他们打电话到餐馆叫外卖的时候，要么打不通，要么不送。于是创业计划就这样从不起眼的外卖服务开始了。

"饿了么"公司名为上海拉扎斯信息技术有限公司，"拉扎斯"在梵文里是"激情"的意思。张旭豪笑道："这几年就做了两件事——搬家和融资。"从 2008 年开始，公司办公地点经历了学生宿舍、餐厅一角、民宅、别墅、写字楼。而融资方面，张旭豪通过各种大学生创业竞赛，为他的团队总共赢得了 45 万元的创业奖金，而在 2011 年和 2012 年又先后引入了金沙江创投和经纬创投两轮风险投资。

"饿了么"是典型的 O2O（图 2-3）模式：线下产品和服务通过互联网吸引用户，互联网成为线下交易的平台。到目前为止，除团购外并没有非常成功的 O2O 企业实践，然而团购也因为其缺乏黏性、恶性竞争而备受诟病。

图 2-3

对于"饿了么"的创业者来说，在网站上线没多久的时候，他们就发现上海交通大学闵行校区已经有了一家网上外卖订餐网站，这也是交大校友创立的公司，并且已经运营了较长时间，注册资本达到了 100 多万元。张旭豪骑电动车跑业务而对手却已经开车跑业务了。更重要的是，对手经常倒贴钱与餐馆进行合作，只要用户订餐，就有免费的可乐或雪碧，这样的手段逼着"饿了么"不得不跟进。因为如果不这样做，消费者和餐馆都不认可，将根本就无法与对手竞争。

在当时，两家网站都依靠向餐馆抽取佣金过活（交易额的 8%），最终在竞争对手的重压下，张旭豪与创业伙伴不得不寻求改变。最初，他们花近半年时间开发出一套网络餐饮管理系统，而正是通过这套系统，餐馆可以轻松管理并打印订单，这大幅提高了工作效率。在以往的高峰时段，餐馆因为抄写订单，可能只能接 100 单，现在却可以 200 单了。店家还可以根据实际营业状况进行设置（如设为营业中或休息中），管理已经售完的菜品（可以设为"已售完"）和添加新的菜品。

其次，"饿了么"将之前抽取佣金的方式改为收取固定服务费的方式。这一收费方式对商家来说更容易接受，同时还能改善网站的现金流，免去每月上门催收款项的烦恼。最后，"饿了么"还积极拓展了其他收费方式，如竞价排名。这一系列的改变下来，不仅压制住了竞争对手，还改变了网站的盈利方式，完成了由中间商向平台商的转变。而面向消费者一端的用户体验也在不断提升。每天，"饿了么"的网站背景图随时间变化而变换，这个设定就是因为网站假定用户是一个超级宅男，根本看不到太阳。然而针对用户点餐有效分类的问题，网站推出了"篮子"功能，用户可以先添加多个篮子，将不同的菜品放入不同的篮子中，再一起下单。张旭豪十分认同乔布斯说过的一句话："CEO 应该关注用户体验，关注产品本身，而不是泛泛地讲战略。"

外卖迟迟不来是用户点了外卖后最不高兴的状况。实际在高峰时段，餐馆往往已经忙到极限，而口味越是好的餐馆，越可能出现滞后的情况。所以，对消费者的预期管理十分重要。然后是一旦超过时限，该怎么办？根据这两点，"饿了么"添加了"超时赔付"功能。根据各个餐馆以往的送餐时长（起始时间为下单时间，截止时间为确认收到外卖的时间，因为有积分奖励，大概有 30% 的用户会确认），通过数学模型，计算出每个餐馆的平均送餐时长。

餐馆可以选择加入"超时赔付"，送餐超过一定的时间后，将立刻减免对应的金额。张旭豪也不是特别清楚这一功能在提高用户重复购买率上会有多大帮助，但是他认为这是一个关乎用户满意度的问题，在其服务更加完善以后，网站的用户体验将会更好。

2.4　认识创业风险

创业者要仔细分析自己创业过程中要遇到哪种风险，这些风险中哪些是可控的，哪些是不可控的，哪些是需要极力避免的，哪些是致命的或不可管理的。一旦出现这些风险，你应该如何应对和化解。特别需要注意的是，一定要明白最大的风险是什么，最大的损失可能有多少，自己是否有能力承担并渡过难关。

2.4.1　常见的创业风险

风险一：选择项目

大学生创业时如果缺乏对前期市场的调研和论证，只是凭自己的兴趣和想象来决定投资方向，甚至仅凭一时心血来潮做决定，一定会碰得头破血流。

大学生创业者在创业初期一定要做好市场调研，在了解市场的基础上进行创业。一般来说，大学生创业者资金实力较薄弱，所以选择启动资金不多、人手配备要求不高的项目，从小本经营做起比较适宜。

风险二：缺乏创业技能

很多大学生创业者眼高手低，当创业计划转变为实际操作时，才发现自己根本不具备解决问题的能力，这样的创业无异于纸上谈兵。一方面，大学生应去企业打工或实习，积累相关的管理和营销经验；另一方面，积极参加创业培训，积累创业知识，接受专业指导，从而提高创业成功率。

风险三：资金风险

资金风险在创业初期会一直伴随在创业者的左右，是否有足够的资金创办企业是创业者遇到的第一个问题。企业创办起来后，就必须考虑是否有足够的资金支持企业的日常运作。对于初创企业来说，如果连续几个月入不敷出或者因为其他原因导致企业的现金流中断，都会给企业带来极大的威胁。相当多的企业会在创办初期，因资金紧缺而严重影响业务的拓展，甚至错失商机而不得不关门大吉。

另外，如果没有广阔的融资渠道，创业计划只能是一纸空谈。除了银行贷款、自筹资金、民间借贷等传统方式，还可以充分利用风险投资、创业基金等融资渠道。

风险四：社会资源贫乏

创建企业、开拓市场、推介产品等工作都需要调动社会资源，大学生在这方面会感到非常吃力。平时应多参加各种社会实践活动，扩大自己人际交往的范围。创业前，可以先到相关行业领域工作一段时间，通过这个平台，为自己日后的创业积累人脉。

风险五：管理风险

一些大学生创业者虽然技术出类拔萃，但营销、沟通、管理方面的能力不足。要想创业成功，大学生创业者必须技术和经营两手抓，可以从合伙创业、家庭创业或从虚拟店铺开始，锻炼创业能力，也可以聘用职业经理人负责企业的日常运营。

创业失败者，基本上都是在管理方面出了问题，其中包括决策随意、信息不通、理念不清、患得患失、用人不当、忽视创新、急功近利、盲目跟风、意志薄弱等。特别是大学生知识单一、经验不足、资金实力和心理素质不足，更会增加在管理上的风险。

风险六：竞争风险

寻找蓝海是创业的良好开端，但并非所有的新创企业都能找到蓝海。更何况，蓝海也只是暂时的，所以，竞争是必然的。如何面对竞争是每个企业都要随时考虑的事情，而对新创企业更是如此。如果创业者选择的行业是一个竞争非常激烈的领域，那么，在创业之初极有可能受到同行的强烈排挤。一些大企业为了把小企业吞并或挤垮，经常会采用低价销售的手段。对于大企业来说，由于规模效益或实力雄厚，短时间的降价并不会对它造成致命的伤害，而对初创企业则可能意味着彻底毁灭。因此，考虑好如何应对来自同行的残酷竞争，是初创企业生存的必要准备。

风险七：团队分歧

现代企业越来越重视团队的力量。初创企业在诞生或成长过程中最主要的力量来源一般都是创业团队，一支优秀的创业团队能使创业企业迅速发展起来。但与此同时，风险也就蕴含其中，团队的力量越大，产生的风险也就越大。一旦创业团队的核心成员在某些问题上产生分歧不能达到统一，极有可能会对企业造成强烈冲击。

事实上，做好团队的协作并非易事。特别是与股权、利益相关联时，很多初创时很好的伙伴都会闹得不欢而散。

风险八：缺乏核心竞争力的风险

对于具有长远发展目标的创业者来说，他们的目标是不断地发展壮大企业。因此，企业是否具有自己的核心竞争力就是最主要的风险。一个依赖别人的产品或市场来打天下的企业是永远不会成长为优秀企业的。核心竞争力在创业之初可能不是最重要的问题，但要谋求长远的发展，核心竞争力就是最不可忽视的问题。没有核心竞争力的企业终究会被淘汰出局。

风险九：人力资源流失风险

一些研发、生产或经营性企业需要面向市场，大量的高素质专业人才或业务队伍是这类企业成长的重要基础。防止专业人才及业务骨干流失应当是创业者需要时刻注意的问题，在那些依靠某种技术或专利创业的企业中，拥有或掌握这一关键技术的业务骨干的流失是创业失败的最主要风险源。

风险十：意识上的风险

意识上的风险是创业团队最内在的风险。这种风险来自无形，却有强大的毁灭力。风险性较大的意识有：投机的心态、侥幸心理、试试看的心态、过分依赖他人、回本的心理等。

2.4.2 应对创业风险的方法

预防创业风险的"八字诀"：分析、评估、预防、转嫁。

1. 学会分析风险

创业者对每一经营环节都要学会分析风险，做什么都不能满打满算，要留有余地，对可能出现的风险要有明确的认识和克服的预案。

2. 善于评估风险

通过分析，预测风险会带来的负面影响。例如，投资一旦失误，可能造成多大损失；投资款万一到期无法收回，可能造成多大的经济损失；贷款一旦无法偿还，会产生多少影响；资金周转出现不良，对正常经营会造成哪些影响……

3. 积极预防风险

例如，对投资方案进行评估，对市场进行周密调查，制订科学的资金使用政策等。一旦某个环节出了问题，要有采取补救措施的预案，尽可能减少负面影响。同时，还要加强管理，建立健全的企业各种规章制度，特别是合同管理、财务管理、知识产权保护等；在平时的业务交往中要认真签订、审查各类合同，加强对合同履行过程中的监督。

4. 设法转嫁风险

风险不可避免，但可以转嫁。例如：为财产投保就是转嫁投资意外事故的风险；购商品是转嫁筹资风险；以租赁代替购买设备是转嫁投资风险。创业也是如此，个人独资承担无限责任，但几个人共同投资，就是有限责任，就能分散风险。

2.4.3　案例：诺基亚的尴尬处境

诺基亚成立于 1865 年，原本以伐木、造纸为主业，此后发展成为通信设备制造商（图 2-4）。自 1996 年开始，诺基亚连续 14 年占据全球手机市场份额第一。然而，技术不断更迭，时代不断发展，在 2011 年，面对配备全新操作系统的智能手机，诺基亚失去了全球手机销量第一的宝座。此后，智能手机飞速发展，由于没有赶上技术革新的潮流，诺基亚的市场份额不断下跌。2013 年 9 月 3 日，微软宣布以 72 亿美元收购诺基亚的设备与服务部门，而诺基亚则将业务重心转向了 Here 地图业务。

图 2-4　诺基亚

那么，在这场技术的角逐中，是什么让诺基亚从首位节节败退？我们又能从中获得什么启示呢？

第 3 章

市场分析

3.1 了解市场

创业者有了任何创意（无论是用于哪个行业）都需要先了解市场，了解客户，然后才能建立自己的公司。在经济学中有两个关键词——需求和供给。对于公司来说，要做的就是制造"供给"，去解决"需求"。而创业者要做的就是找到两个具体的"需求"——个人层面上的自我实现需求，以及社会层面上的市场需求。

阿什·莫瑞亚在他著的书《精益实战》中，对这两个需求做出了简明的定义，即自我实现需求是："我有一个值得解决的问题吗？"而契合市场需求是："我做的东西有人想要吗？"因此，在着手你的第一次产品原型之前，不妨先考虑以下三个重要的问题。

- 创业试图解决的问题是什么？
- 有这些问题的人都是谁？
- 这些人为什么要花钱买我的产品，而不是市场上已经存在的产品？

问这些问题的目的，可以帮助创业者识别和理解自己产品的内在驱动力，这个驱动力会引导顾客购买产品，并精准地细分市场，为创业者本人留出一席之地。

3.1.1 基于创业方向，确定目标市场

计算市场规模可以粗略地估计盈利空间，也就是大概能赚到多少钱。而市场的变化轨迹研究则能告诉你能不能赚到钱。市场轨迹是指一个给定的市场环境中，判断它在扩张，还是在收缩。简而言之，它代表的是趋势。

在经济学的计算公式中，市场的扩大或收缩有许多不同的影响因素。以医疗设备为例来说，也许全国所有的大型医院都经营不善，效益普遍不好。那么，按此行情进行判断，再打算将设备卖给大型医院也许就不是一个高明的判断，相反，应该考虑卖给三四线城市的小诊所。

对于消费类产品，人口结构的变化是预测市场轨迹的一个重要因素。一个例子是我国老年（60 岁以上）人口的数量，在近几年正在迅速增长。在 2020 年，全国共有近 2.64 亿老年人（占全国人口的 18.7%），另外还

有研究数据表明，到了 2034 年，这一数字将增长到 4 亿（约占全国人口的 25%）！虽然这些信息不会告诉你其中每个人的生活、消费习惯，但同样可以就人口增长做出合理的判断，例如，一些老年人用品（包括各种保健药品、家庭医疗工具、老年人娱乐设施）市场必将得到一次增长。

在其他时候，潜在用户的数量可能会保持不变，但行业经营手法的变化可能导致市场扩张或收缩。例如，黑莓手机的市场份额大幅下降的原因之一，就是公司开始允许员工在工作中使用自己品牌的移动设备。

通过收集数据来判断趋势走向的工作非常具有挑战性。在网络搜索页面搜索相关信息，可以得到很多新闻或博客文章，其中会提到市场分析，这些文章所引用的数据通常来自专业调查公司发布的白皮书。白皮书的确是丰富的信息来源，但很难免费获得，通常要花费几百到几千元购买。

知乎是一个查看其他人是否提供相关数据的好地方，在此也可以找到行业专家来回答自己的问题。有许多知名网友、"大 V"会在自己的文章下方链接数据集和有用的研究数据。

创业过程中的许多决策都是非常理性的事情，因此，要学会相信数字，而不是凭个人的主观臆断，空想并不足以支撑一家公司。运行分析基于几个不同的场景（又称为"敏感性分析"），可以帮助创业者评估一个特定的假设负重下，能有多少盈利。如果开始了粗略的市场规模评估，可以同时预测基于最好的情况、基于最糟糕的情况和一般预期的结果数字。

3.1.2　进行市场调研

刚上路的创业者们通常会犯同一个错误，那就是过高地估计了买家数量。例如，创业者想要研发并销售一款用于心脏病诊疗的医疗设备，那么，潜在的、有价值的销售对象并不是世界上所有的医院，而是那些仅落在创业者本人销售渠道之内（受地理因素和业务结构所限）的医院，只有他们才会想要买创业者的产品。另外，还要考虑竞争对手，有些医院会从竞争对手那里购买，或者完全没有购买意愿，因为他们用不着。

综上所述，为了让市场的指向更明确，以及了解目标市场规模的大小，从而判断出最重要的盈利空间，创业者必须事先做好充分的市场调查，做到有的放矢。这方面可借鉴一些市场营销人员的策略，营销人员通常会将市场规模划分为三个不同的范围——可获得的市场、可服务的市场、总的潜在市场，如图 3-1 所示。

图 3-1

总的潜在市场有时也被称为"总的可用市场"。总的潜在市场是指特定的产品或服务，在指定的情况下所能获得的最大盈利。这个盈利值仅供参考，因为它的前提背景是建立在没有竞争、没有损耗的理想条件下的。关于总的潜在市场范围，有一点还是要分清楚的，那就是它指的"范围"是全球的，还是某个地区的，不然二者之间的值会相差很大。

可服务的市场包含在总的潜在市场中。"可服务"一词点明了该市场的含义，即由那些需要某种服务或具体产品的客户所组成的市场，其中的市场份额是可以争取到的。可服务的市场在指定的区域内存在着竞争关系，公司若想拓展该市场，也受限于具体的分销渠道。

可获得的市场是指已经实际获得的市场份额，该市场受到竞争、成本、外联、分销渠道等诸多因素的限制，但是这部分市场中的客户都是实际的支柱，是必须抓稳的对象。

在上面提到的售卖医疗设备的例子中，总的潜在市场指的就是世界上所有的医院；而可服务的市场则在此基础上进行了简单的筛选——医院必须位于中国境内、有专门用来接待心脏病人的病室，或者有一个独立的运作系统；接下来可获得的市场再对此进行进一步市场筛选——这些医院还没有接触过同类的产品，也就是竞争对手还没有触及这些医院。一般而言，如果到了可获得的市场这个环节，还有 20% 或更多的医院与竞争对手有过合作，那这块医疗设备的市场估计就很难有所突破了。此时，创业者就应该考虑是否该继续下去，抑或更换其他的行业。

因此，当你和合作伙伴在畅想自己公司的未来时，不妨先现实一点儿，做一些这种市场规模的分析，评估一下自己的可获得的市场。这些工作除了能让创业者变得更为理性，也会有助于说服那些风投资本家们。

1. 进行市场调研的方法

市场调研对于营销管理来说非常重要，好比在进行军事指挥之前一定要先做好侦查，不做系统、客观的市场调研与预测，仅凭经验或不够完备的信息，就制订出种种营销决策是非常危险的。作为市场营销活动的重要环节，市场调研给消费者提供一个表达自己意见的机会，使他们能够反馈自己对产品或服务的意见和想法。通过市场调研，能够更加充分了解消费者对产品或服务质量的评价、期望和想法。进行市场调研的方法主要有以下 5 种。

（1）文献调查法

文献调查法是指查阅、阅读、收集历史和现实的各种资料，并通过甄别、统计、分析得到各种所需资料及数据的一种调查方法。这种方法比较简单、成本低、速度快，但是具有滞后性。

（2）询问调查法

询问调查法包括个别询问法、集体询问法、深度询问法、常规询问法、当面询问法、通信询问法、街头询问法、公众场合询问法、跟踪询问法等。主要对消费者个人的购买意向以及消费行为进行调查分析。这种方法成本较高，对调查人员的素质要求要比较高，而且管理起来比较困难。

（3）问卷调查法

问卷调查法是指通过制作调查表并发放，从而向消费者了解市场情况的一种调查方法。这种方法比较省时省力，也能更加方便地进行接下来的分析，是最常用的一种基本调查方法。

（4）观察调查法

观察调查法包括参与调查法、非参与调查法、结构性观察法、非结构性观察法、自然环境下的观察、社会环境下的观察、公开观察、隐蔽观察、全面观察、事后痕迹观察、定期观察、追踪观察等。这种方法具有直观性、客观性、易操作等优点，但是易受人员、经费的限制。

（5）试验调查法

试验调查法是指调查人员有目的、有意识地改变一个或几个影响因素，从而观察市场在这些因素的影响下的变动情况，以确定市场中各种因素的因果关系而使用的信息收集方法。试验调查法包括 5 个基本要素：试验者、试验对象、试验环境、试验活动、试验监测。该方法具有科学性强、可重复等优点，但也有成本高、试验环境难以控制等缺点。

2. 需要搜集的重点内容

由于影响市场的因素很多，故市场调查和预测的范围很广，凡是直接或间接影响企业营销状况的因素都可能被列入调查和预测的范围。进行市场调研的重点内容主要包括以下几方面。

（1）调查宏观市场环境

宏观市场环境调查的主要内容包括：政治法律、经济、人口、社会文化和技术环境等方面。

（2）调查市场需求

主要包括市场商品需求量（产品、顾客、地理区域、时限、营销环境、营销组合方案）、需求结构（指对吃、穿、用、住、行商品的需求结构）、需求时间（了解消费者需求的季节、月份以及需求时间内的品种和数量结构）。

（3）调查消费者

为了准确把握消费者的需求情况，通常需要对消费者的人口构成、家庭、职业与教育、收入、购买心理、购买行为等方面进行调查，然后得出结论。

（4）调查同行企业的经营全过程

对同行企业的产品进行调查（生产能力、产品本身、产品包装、产品生命周期）、对同行企业的销售渠道进行调查（如批发商、零售商、生产者自销市场）、对同行企业的促销内容和形式进行调查、对同行企业的销售服务情况进行调查，如消费者的反映等。

（5）调查竞争对手

对竞争对手的调查主要是了解竞争对手的数量、主要的竞争对手，以及是否具有潜在的竞争对手。主要调查内容包括：竞争对手的经营规模、人员组成及营销组织机构情况；竞争对手经营商品的品种、数量、价格、费用水平和盈利能力；竞争对手的供货渠道情况和对销售渠道的控制程度；竞争对手所采用的促销方式；竞争对手的价格政策；竞争对手的名称、生产能力、产品的市场占有率、销售量及销售地区。

3. 分析与总结

整个市场调研的过程，其实就是在解决"怎么做"这个问题，创业者到底应该创新一个什么样的产品，如何去实现创新。这是一个需要花费很多时间的过程，在不断向前推进的过程中，同时也在不断地面临各种挑战。在进行市场调研时，创业者可以借鉴很多同行企业的经验，避免带来阻碍的行动，也需要在当下的市场环境中寻找新的商机。通过市场调研来确定创新创业的行进方向，在过程中不能停止思考是否符合最初的设想，所有的创新都是按照它指导的方向前进的。到底想通过这一创新解决用户的哪个痛点，无论他们是迫切希望解决这个问题，还是他们现在没意识到自己有这个需求，但是用了我们的产品以后，就无法再离开它。

然而这个过程将会在不断地过渡中慢慢完成，不仅是从市场的需求中求取创新，更是由创新来引领市场。新时期的创新者们，一定不能忽视市场调查的重要性，切不可迷信"技术越强、市场越大"的荒谬理论。

3.2　评估市场

要评估市场，就要先划分市场。如果把市场比作一张大饼，那你要做的不是考虑怎么一口把它吃掉，而是找到最适合自己胃口的那一块，然后小心翼翼地将它分割出来。这个过程就可以称为"市场细分"，也称"划分市场"。

市场细分是大多数营销人员和品牌开发商，用来标识那些最有可能获得新产品的群体的过程。

市场细分在产品原型制作阶段的目的，就是帮助创业者重新认识并理解创业者所构建的产品，是否符合最初所设想的产品功能，以及目标客户群的品位。这就好比是在"开大脚"之前再确认一下球行进的方向，你不可能在连边都分不清的情况下拿到 MVP，自然也不能在迷失市场方向后还能做得很好。

市场细分可以帮助创业者，将精力专注于那些最有可能购买自己产品的客户身上。好的市场细分不仅是鉴别潜在的早期采用者及客户的方法，还是能帮助公司长期生存下去的秘诀。理想的市场细分结果是界线清晰且市场容量巨大的，而且足够稳定（即市场内部环境将相对保持不变），或者正在上升期且已经蕴含了足够的购买力，足以让公司盈利。

3.2.1 消费群体与消费心理

根据不同的市场特点，市场可以有多种分类方法，其中最常见的两种是用户特征分析和用户行为分析。而根据用户特征的市场细分，又包括两种类型的客户分析。

1. 人口统计分析

人口统计数据是可量化的统计数据，用于描述一个特定的人口。一个市场人员的基本人口配置文件可能包括年龄、人种或种族、性别。其他的人口统计数据还包括婚姻状况、所受的最高教育水平、经济条件（家庭收入、社会阶层）、职业、代际（80 后、90 后）以及子女的数量。有时，人口统计数据会纳入地区的统计范围。

2. 消费心理分析

消费心理将消费者按各自的兴趣爱好，以及活跃领域进行划分（即营销人员常说的 IAO 变量）。这些因素包括个人的性格特征、处事态度、兴趣爱好或生活方式等。试想，如果在一所学校里，当你听到诸如"运动员""书呆子"或者"非主流"之类的名称时，你可能马上就能联想到相应人员的穿着打扮，并且想象出他们的兴趣爱好及购物习惯。

小故事：抽卡游戏和盲盒

随着游戏行业的发展，直接"氪金"购买游戏商品的时代已经在慢慢走远，而抽卡游戏则正在逐渐兴起。抽卡游戏的游玩模式类似抽奖，如本应该在游戏内出售的最高品质商品，作为"一等奖"放在游戏的奖池中。一次抽奖所需要的花费往往只需要之前购买的1%。本身作为一个概率游戏，玩家在进行抽卡这一行为时并不会预知下一步的结果，而这种不确定性则会在开出"好货"时为玩家带来非常强烈的兴奋感，从而让玩家执迷于追求由"不确定性"所带来的刺激。

在2019年极为风靡的盲盒也采用了类似的销售模式，如图3-2所示。盲盒，起源于日本，是受到"福袋""扭蛋"的启发，由动漫人物造型衍生出来的新潮玩具。同一系列的盲盒往往拥有着类似的外观，但在打开之前，消费者无法得知自己买到了什么样的产品。盲盒通常以系列的形式进行售卖，每个系列一般有6~12个款式，每个盲盒的售价为39~99元。各式各样的盲盒产品吸引了众多消费者，各大商场中的盲盒门店、贩卖机附近，总有年轻的消费者在完成购买后迫不及待地打开手中的盒子，查看具体购买的是哪款商品。

图 3-2

抽卡游戏和盲盒的风靡，正是抓住了消费者的"上瘾心理"。盲盒产品及抽卡商品都有符合大众审美的形象，价格又是绝大多数人都能承受的，游戏公司以及商家为了增加消费者的购买欲望，还会制作一些抽出概率更低的隐藏款和稀缺款。虽然一次抽卡或者购买一个盲盒的价格并不算贵，但是通常得到第一个之后，或者在没有得到自己想要的款式之后，就会想着继续买，直到集齐这个系列为止。这样的营销方式很大程度上刺激了人们进行多次消费的欲望。

伍德·沃斯在消费者行为学中解释，消费购买行为发生的内在原因，包括求实、求新、求美、求名、求廉、求便、从众、好癖等动机，这告诉我们消费者购买商品的动机并非都来自商品的本身价值，同时也取决于商品能够给消费者带来的附加价值，这两者构成了消费者衡量是否购买该项商品的标准。从众心理让盲盒从小众经济走进了大众经济范围，从而形成了盲盒对于消费者自身的附加价值，拥有盲盒便是消费者个人财富、生活方式、地位或其他方面的象征，攀比心理和炫耀性消费便在这个过程中起到了很大作用。

小故事：肯德基"疯狂星期四"的营销文案

2018年，肯德基（图3-3）第一次推出"疯狂星期四"的特价活动，宣传的广告语是"疯狂星期四，×××九块九"，主推的产品大多是售价为9.9元的鸡块、薯条、汉堡等。同一时间，肯德基还请到鹿晗、王源等明星拍摄广告，并在线上线下大量投放广告。但结果却不尽如人意，消费者看到铺天盖地轰炸式的广告后，对魔性洗脑的歌曲产生了极大的排斥心理，不仅花费成本高，而且知名度也没搞上去。但在这期间，肯德基并没有完全放弃"疯狂星期四"的活动，而是借助一些热度明星，在新品和优惠方面，为"疯狂星期四"刷热度。

图3-3 肯德基

直到2021年，网上出现了第一代"疯狂星期四"的宣传文案："你为什么垂头丧气呢？你知道今天是什么日子吗？今天是肯德基的疯狂星期四"。而后，肯德基官方亲自下场，举办"疯四文学盛典"，"疯狂星期四"开始疯狂，大量的网友参与到文案的创作过程中，并结合社会热点，对"爆梗"进行二次创作，将"疯四文学"IP化，引发全网创作狂潮，催生了一批"肯德基文学家"。"疯狂星期四"成功破圈，肯德基也同时在互动中拉近了与消费者之间的距离，品牌的知名度自下而上席卷网上网下。席卷全网的"疯狂星期四"背后最大的赢家，必然是肯德基。

"疯狂星期四"火爆的背后，存在着偶然性，受众一次意外出圈的段子，在情绪、情感、趣味等"爆梗"关键因素上与品牌建立起了直接的关系。而品牌下场将民间力量收编，与其互动，将"段子"塑造为品牌专属符号，使消费者形成"肌肉记忆"——星期四 = 肯德基。可见，"疯狂星期四"的火爆，是偶然中的必然。

3.2.2　客户获取成本和生命周期价值

一个有意义的划分目标就是可行性，即能否将创业者的产品推上市场，卖给消费者。像那些初创的软件公司，特别是那些实行精益创业的公司，在一开始就会采集客户的两个指标。

第一个指标是客户获取成本（CAC，Customer Acquisition Cost）。该指标表示要获取一位客户，让他来购买你的产品或服务所要花费的成本。成本主要包括市场调研、广告投入、促销活动（如第一个订单打9折），以及销售提成（销售人员的工资和奖金）等方面的花费。

第二个指标是客户生命周期价值（LTV，Life Time Value），是指从一个客户开始对企业进行了解或企业欲对某个客户进行开发开始，直到客户与企业的业务关系完全终止，且与之相关的事宜完全处理完毕的这段时间之内所花费的成本。其实在创业的更早阶段，如产品的原型制造阶段就需要了解对于自己的公司来说，哪一种成本更能争取到更多的客户。如果客户们不重视传统上廉价的营销渠道，或者如果创业者的公司不能达到他们的要求（如时间或价格），那么，他们就不会完全认可创业者的实力，尤其是对于那些刚开始上路的创业者来说。

3.3 拓宽市场

拓宽市场是指企业通过新增客户、拓宽营销渠道和扩大产品销售范围等手段，开拓新的市场、寻找商机，以实现企业的经济增长和利润提升。拓宽市场的过程是一个不断发现机会并不断试错的过程，需要通过市场调研分析确定市场需求，根据市场需求进行产品定位和市场定位，来帮助企业实现可持续发展。如何将服务和产品的市场扩大，是拓宽市场的核心任务。

3.3.1 发现客户需求

行为细分是用来将潜在用户进行分类的另一种方法。如果创业者所投入的产品在市场上的竞争对手比较多（例如，智能的健身追踪设备），但创业者本人又掌握着提升该产品品质的方法，例如，延迟电池使用寿命，或者更加易于使用，那么，对于这样的创业者来说，市场细分就不应该还停留在简单地通过性别需求或家庭收入这种划分方法，而应该直接精研技术。

创业者也许想将客户定位至那些消费频繁的买主、大宗货物批发商或者交易猎头身上，因此，会想办法增加效益，并为有效分割市场而进行练习。例如，建立一个在给定使用场景下的角色，设想自己产品的理想使用情况，然后构建一个虚拟的顾客，试想他在购买与使用上会遇到的问题，以及这些问题是否会与创业者所掌握的技术有关联。

行为细分下的另外一个组成子集就是买方动机，这里涉及用户寻求产品效益的类型。例如，有一个人正在考虑买一件毛衣，那么，他会优先考虑的应该是保暖度、舒适度、耐用性，然后才是价格和款式。而大多数决定购买的决策通常都是由一两个主要的购物动机决定的，了解到其中最主要的一点，就能帮助你对职能部门进行战略性的分配。

在 B2B（指企业与企业之间通过专用网络或互联网，进行数据信息的交换、传递，开展交易活动的商业模式）的世界里，确定创业者的目标客户，首先要做的就是划分群体，然后根据不同类型进行二次分割，在这个过程中分割理念应保持不变。当确定了潜在的客户后，可能还需通过行业、标准工业分类（SIC）、市场大小、总市值，以及地理等因素对客户进行分组。在个人层面上，创业者还需要考虑客户的需求和购买动机，以此来决定最终的用户。

通常情况下，上述对于买方的分类方法，都是基于经济学基础上的，而真正终端的用户需求则基本上是技术或功能性方面的。因此，对于 B2B 模式下的客户，进行行为细分也是可以的。

3.3.2　探索市场缝隙

以往我们经常用"在夹缝里生存"形容处境艰难，但在今日的商业社会，如果创业者的企业能够在一个别人都看不到的缝隙里落地生根，那么所遭受的阻力将会比别的企业小很多，将会更快开花结果。当创业者生存下来之后，就可以茁壮成长，为自己争取更多的养分来谋求发展。也就是说，小资本的创业者，要学会在市场中寻找可以盈利的缝隙，从而建立起自己独特的、极具吸引力的业务领域。如此一来，创业的压力和阻力小很多，也不必担心新的进入者及竞争。

缝隙市场是指那些被市场中有绝对优势的企业忽略的某些细分市场。在创业时可以选定一个很小的产品或服务领域，集中力量进入并成为领先者，从当地市场到全国再到全球，逐渐形成持久的竞争优势。

正如一位企业家所说："一个堆满了大石块的玻璃瓶，看起来似乎已经没有空间，实际上大石块的空隙之间，还可以容纳一堆小石子；随后，在小石子的缝隙里，你还能继续填满细沙。"市场永远存在"缝隙"，大企业往往因不能形成规模生产而不愿涉足，倘若中小企业看准机会，立即"挤占"，提供独特的产品，就能迅速占领市场。

市场缝隙往往不易察觉，这需要创业者在行业里努力经营、探索，去发现、去开拓。要充分运用自身优势，抓住每一个机会，学会"见缝插针"，乘"隙"而入，发掘消费者潜在的需求，打造自己的品牌，发现或创造一个全新的市场，并凭借自己足够的资源优势，继而转化为市场优势。学会"标新立异"，独特的风格、服务、技术支持、质量保证等因素，都可以使产品具有与众不同的价值。

寻找这种市场缝隙一定要进行市场分析。在国外，任何一项工作的实施，必须以市场调查为前提。如果企业在经过充分、大量的市场调查后，做出一个符合调查结论的营销决策，却不幸在实践中失败了，企业的领导人会耸耸肩，认为他很不幸，然后重新去寻找解决问题的方法；相反，如果未经过市场调查，单凭经验、感觉、判断等做出营销决策并实施，无论成功与否，这个人立即可以卷铺盖走人了。由此可见，市场调查在制定决策的过程中的重要地位，这也是每一位创业者都要铭记在心的。

3.3.3 拓宽目标领域

如何将服务和产品的市场扩大，是拓宽市场的核心任务。在创业过程中，经营的成功、销售的成功、品牌的成功，通常都来自对区域市场经营的成功。有优质的客户，有和企业共同成长的市场，才有企业经营的逐步扩大。从小市场到大市场，从少量客户到数量众多的客户，从单一的、零星的市场到全国性市场，从单一市场的开发培育到多个市场的建设和布局，这正是每个企业的必经之路。对于如何拓宽目标市场领域，有以下 5 种常用策略。

1. "滚雪球"策略

"滚雪球"策略是指企业在现有市场的同一地理区域内，采取区域内拓展的方式，在一个地区发展成熟之后再向另一个新的区域进军的拓展策略。具体来讲，这种战策略的拓展以某一个地区目标市场为企业市场拓展的大本营，进行精耕细作，大本营市场做大、做强、做深、做透，并成为企业将来进一步拓展的基础和后盾。在大本营市场有了绝对优势和绝对稳固之后，再以此为基地向周边邻近地区逐步滚动推进、渗透，最后达到占领整个市场的目的。

"滚雪球"策略能为周边地区的营销实践提供丰富的经验和良好的示范，营销的失误会进一步减少，也能在市场拓展中源源不断地向前方市场输送人才，有利于企业降低营销风险、保证资源的及时满足、市场的稳步巩固拓展。

2. "采蘑菇"策略

"采蘑菇"策略是一种跳跃性的拓展策略。企业开拓目标地区市场的先后顺序通常遵循目标市场的"先优后劣"原则，而不是地理位置上的远近。即首先选择和占领对企业最有吸引力的目标地区市场，采摘最大的"蘑菇"，其次再选择和占领对企业较有吸引力的地区市场，即采摘第二大的"蘑菇"。

"采蘑菇"策略虽然存在缺乏地理区域上的连续性的缺点，但却是企业比较普遍适用的一种策略，不但强势企业可以采用，弱势企业运用它也可以取得不错的效果。因为企业的每一步都选择的是未占领市场中的最佳，所以企业的资源总是得到了最佳配置和利用，能取得最佳的经济效益。

3."保龄球"策略

在保龄球运动中，各球瓶之间存在一定的内在联系，只要用恰当的手法击中关键的第一个球瓶，这个球瓶就会把其他球瓶一并撞倒。

企业在拓展市场时，同样可以运用这样的方法。要占领整个目标区域市场，首先攻占整个目标市场中所存在的某个关键市场，这就是第一个"球瓶"。然后，利用这个关键市场的巨大辐射力来影响周边广大的市场，以达到占领整个目标区域市场的目的。这种市场拓展策略被称为"保龄球"策略。

一般，关键市场的消费观念和潮流具有极强的超前性和引导性，即某种商品消费或生活方式一旦在这些市场流行，会引起一大批周边中小地区市场的消费者争相模仿追随。因此，首先需要这个关键市场的消费者具有较强的求新意识和较强的购买力，对新事物接受较快才能更好地达成营销目的；其次，需要这个关键市场的消费需求具有极强的影响力、穿透力和辐射力，这样企业就能取得以点带面，辐射一大片市场的效果。

当然，这是一种"先难后易"的市场拓展策略，是实力较强的大企业才能选择的策略。关键市场往往是商家的必争之地，要攻占该市场必须耗费大量的财力和人力。但一旦占领，其他市场就能在关键市场的影响下被企业轻松占领。

4."农村包围城市"策略

"农村包围城市"策略是指首先蚕食较易占领的周边市场，积蓄力量，并对重点市场形成包围之势，同时也对中心城市形成一种无形的影响。等到时机成熟时，一举夺取中心市场。这是一种"先易后难"的市场拓展战略。

对于中小企业来讲，一开始就选择进攻中心市场有很大的难度，欲速则不达，成功的可能性很小。此时，企业不如先选择较易攻占的周边市场，一方面积蓄自己的力量和营销经验，另一方面对中心市场给予一种潜移默化的影响，一步步占领整个市场。

5. "撒网开花"策略

"撒网开花"策略是企业在拓展其目标市场时，向各个市场同时发动进攻，对各个市场同时占领的方式。这一策略具有极大的市场拓展威力，可以在非常短的时间内达到同时占领各个市场的目标。

但是，这种战略需要企业具有充足的营销资源、大量的开发费用和强大的调控能力，是实力强大、发展成熟的大企业适用的策略。

3.3.4 案例：茶颜悦色的逐步扩展

2013年12月28日，"茶颜悦色"品牌（图3-4）起步于长沙一家不到30m² 的小门店。2015年，湖南茶悦餐饮有限公司成功申请茶颜悦色品牌，并以长沙核心商圈为基点，在各个繁华地段皆设有其特色门店。作为长沙的本土品牌，一直扎根长沙市场，并且不留余力地布局了大量门店。

图3-4

直到2020年，"茶颜悦色"才开始逐渐向长沙以外的周边市场延伸。到了2020年12月，"茶颜悦色"进入武汉，刚开业时大家都蜂拥而至，买一杯奶茶甚至要排队3小时以上。

后来因为一些不可抗力因素的影响，"茶颜悦色"于2021年11月一次性关闭了七八十家门店。在此之后便开始在湖南省其他城市，如株洲、岳阳、衡阳、湘潭、常德等地拓展，以扩店应对经营之困。

2022 年 4 月，"茶颜悦色"将下一个目标城市瞄准重庆，也是继武汉之后即将进入的第二个大城市。

截至 2022 年 6 月初，"茶颜悦色"在湖南长沙、常德、株洲、岳阳、衡阳、湘潭、武汉、重庆八城开设的直营门店总数近 500 家，合作伙伴 4000 余人，成为深受广大年轻消费群体喜爱的新茶饮品牌。从此次调整来看，"茶颜悦色"也逐渐开始瞄准全国市场。

除了茶饮，2020 年"茶颜悦色"开始布局新零售业务，相继推出"茶叶子铺""茶颜游园会"等线下零售店型，产品包含茶叶、茶粉、零食、文具、生活用品等多个品类。"茶颜悦色"通过"茶颜欢喜殿""外卖镖局"等模式发展外卖业务，2020 年 7 月，"茶颜悦色"开始布局线上电商领域。2020 年年底，"茶颜悦色"天猫旗舰店已在同类目店铺排名中跻身 50 强。

"茶颜悦色"是采用怎样的战略逐步扩展的呢？我们又能从中获得什么启示呢？

第 4 章

组建团队

4.1 认识创业团队

相对于个人创业，创业团队具备共担责任与目标、能力互补发展、决策更有效、工作绩效更高、应变能力更强等优势（图 4-1）。本章分为创业团队基本概念与创建技巧、创业团队组建工具两大部分，可以帮助创业者在正确认知创业团队的内涵、特征、价值等常识的基础上，灵活、有效地运用创业团队。

图 4-1

4.1.1 组建创业团队的意义

有关调查发现，70% 以上创业成功的企业，都有多名创始人。其中，企业创始人为 2~3 人的占 44%，4 人的占 17%，5 人及以上的占 9%。尤其是在高科技领域，团队创业比个体创业多得多。我们可以从两个方面来进一步理解创业团队的意义。

1. 分工协作，提升效率

相对个人创业而言，创业团队具有以下突出优势。

（1）对工作目标及责任共同承担。

（2）团队成员能力互补、认知共享。

（3）更有效的决策。

（4）更高的工作绩效。

（5）更加迅速地应对技术变革的能力。

（6）创业机会的识别、开发和利用能力大幅提升。

2. 博采众长，专事专办

相对于一般群体而言，创业团队同样具有明显的优势。团队本身是一个群体，但是又不完全等同于群体，两者的区别如下。

（1）所做的贡献不一样。团队中成员所做的贡献是有互补性的，而群体中成员之间的工作，在很大程度上是互换性的。

（2）所承担的责任不同。团队成员共同承担团队目标成败的责任，同时承担个人责任，而群体成员一般只承担个人成败的责任。

（3）绩效评估标准存在差异。团队的绩效评估主要以团队的整体表现为依据，群体的绩效评估则是以个人表现为依据的。

（4）目标实现方式完全不同。团队的目标实现需要成员之间彼此协调且相互依存，群体的目标实现则不需要成员之间相互依存。

除此之外，与群体相比，团队在信息共享方面更加充分，角色定位与任务更加清晰，成员参与决策的权力也更大。

4.1.2　创业团队的基本架构

创业团队是指在新企业创建初期，由两个或两个以上才能互补、责任共担、所有权共享、愿为共同的创业目标而奋斗，且处于新企业高层管理位置的人，共同组成的有效工作群体。

创业团队具有如下特点。

（1）创建新企业的特殊群体。

（2）具有新价值创造与创新能力的群体。

（3）树立共同的目标，其根本目标是为顾客创造价值。

（4）团队成员之间才能互补，团队绩效大于个人绩效之和。

（5）团队成员共同承担责任，而且共同拥有企业的所有权，以及一切成果的分享权。

（6）创业团队成员是高层管理人员。

团队是由一群拥有不同背景、不同技能、不同知识的人所组成的一种特殊类型的群体，团队是由以下 5 个要素组成的。

1. 目标

创业团队应该有一个既定的共同目标，为团队成员导航，知道要向何处去。如果没有目标，团队就没有存在的价值。目标在创业企业的管理中以创业企业的远景、战略的形式体现。

目标即为什么要建立团队，希望通过团队达到什么目的。所有团队都有一个共同的目标。把一组相互联系，相互依存的人组成一个群体，能够以更加有效的合作方式达成个人、部门和组织的目标。创业团队是一个特殊的项目团队，目标是完成创业阶段的公关、技术、组织、管理、市场和规划等各项工作。创业团队的工作要有创造性，使企业从无到有，从初创走向成熟。企业建立发展成型之后，创业团队也会随之转变为管理团队，团队目标也要由创业转变为管理。

2. 人员

团队最终能否获取成功还取决于人员本身。三个及三个以上的人就形成一个群体，当群体有共同目标时就形成了团队。在确定和选择团队成员时，必须认真、细致地从多方面考察候选人，使候选人的技能、学识、经验和才干等要素尽可能符合团队的目标、定位、职权和计划的要求。创业团队至少应包括三方面的人才，管理人才、技术人才和营销人才。当三个方面的人才形成良好的沟通和协调关系后，该创业团队才是稳定而高效的。创业者在组建创业团队时，不但要考虑成员个人的能力、品德、志向和爱好，还要考虑成员之间的兼容性。

3. 团队定位

定位即团队通过何种方式同现有的组织结构相结合，从而创造出新的组织形式。团队定位首先要确定由谁选择和决定团队的组成人员，其次就是团队要对谁负责，再次就是如何采取有效措施激励团队及其成员，最后要形成一套制度规范，规定团队任务、确定团队与组织结构结合的方式。创业者在制订创业计划时，以及在对初创企业进行管理的过程中，要选择和决定合适的人员组成创业团队，把他们安置到创业组织中去，使人得其所、在其位、谋其政、尽其用。

4. 职权

职权是指团队担负的职责和相应享有的权限，即团队的工作范围和在其范围内决策的自主程度，它实际上是团队目标和定位的延伸。就整体而言，创业团队的权限比较大，它的工作范围几乎包括各个领域，如公关、管理、生产、销售、财务、人力资源开发等，所处理的事务会影响到整个新创企业现在的状况和未来的成败。创业团队的各项职权也分轻重缓急。在创业初期，为使企业尽快步入正轨，创建、生产、销售等团队职权相对来说显得更为重要，至于技术创新、新产品开发，就相对次要一些，可以先缓一缓。最后，也是最重要的一点，创业团队成员的职权一定要明确，既要避免职权的重叠和交叉，又要做到经常在一起沟通与协调。一般来说，创业团队越成熟，领导者所拥有的权力相应就越小。在创业团队发展的初期阶段，领导权相对比较集中，而成熟的高科技企业多数实行民主的管理方式。

5. 计划

在确定了团队的职责和权限后，需要决定如何把这些职责和权限具体分配给团队成员，这就需要通过计划来实现。也就是说，要通过计划来指导各个团队成员分别做哪些工作以及怎样做。创业团队的计划是以创业团队的整体来考虑的计划，它包括创业团队的领导和规模、领导职位设立的方式、领导者的权限与职责、创业团队各成员特定的职责与权限、各成员投入团队工作的时间等。

4.1.3　创业团队的职能分工

如何做好创新创业团队的职能分工是一项专业性很强的工作，创业团队必须做好职能分工。创业团队的岗位配置应包括：领导、策划、技术、运营、财务和后勤等。

1. 领导

领导是整个团队中的核心人物，也是团队的掌舵人。领导负责制订创业公司的战略，管理整个团队的日常工作以及决策关键事项。其他团队成员需要向领导汇报，以确保公司目标得到实现。

2. 策划

策划需要有活跃的思维，要给公司提供达成目标的可行路径。要做好市场调研及策划工作，包括定位策略、推广策略、定价策略和销售策略等。

3. 技术

技术岗位需要具备专业的知识。技术负责人负责公司的技术开发和创新，包括软件开发、硬件设计、产品研发等方面。需要不断跟进技术变化，以确保公司在技术方面领先于竞争对手。

4. 运营

运营负责管理公司的日常运营，包括生产、销售、客户支持等方面的工作，确保业务的高效运转和顾客满意度。运营人员需要协调不同部门的工作，确保公司目标的实现。

5. 财务

财务负责公司的财务管理和会计工作，包括制订预算、管理现金流、审计账目等方面的工作。需要确保公司的财务状况良好，以确保公司的稳定运营和未来发展。

6. 后勤

后勤工作包括行政事务管理、办公事务管理、文书资料管理以及人力资源管理等。刚开始创业的公司规模一般不会很大，后勤工作就会繁杂一些，需要细致、可靠，成为公司坚实的后盾。到公司稳步上升、逐渐成熟的时候，可以对后勤做进一步的划分。

在做分工的时候，也一定要考虑到合伙人自身的想法和建议，要充分了解合伙人的需求和能力水平，如此才能做到人尽其职，才尽其用。当然，每个人都需要在自己的领域内发挥最大的作用，以确保创业团队实现目标。

4.1.4　目前常见的团队类型

一般说来，创业团队大体上可以分为三种，分别为：星状创业团队、网状创业团队和从星状创业团队中演化出来的虚拟星状创业团队。

1. 星状创业团队

在星状创业团队中一般有一个核心主导人物，充当领军的角色。这种团队在形成之前，一般是核心主导人物有了创业的想法，然后根据自己的设想开展创业团队的组织。

因此，在团队形成之前，核心主导者已经就团队组成进行过仔细思考，根据自己的想法选择相应人物加入团队，这些参加创业团队的成员也许是核心主导者以前熟悉的人，也可能是不熟悉的人，但其他的团队成员在企业中更多时候是支持者。

2. 网状创业团队

网状创业团队的成员一般在创业之前都有密切的关系，比如是同学、亲友、同事、朋友等关系。一般都是在交往过程中，共同认可某一创业想法，并就创业达成了共识后，开始共同创业。

在创业团队组成时，没有明确的核心人物，大家根据各自的特点开展自发的组织角色定位。因此，在企业初创时期，各位成员基本上扮演着协作者或者伙伴的角色。

3. 虚拟星状创业团队

虚拟星状创业团队是由星状创业团队演化而来的，基本上是前两种团队形式的中间形态。

在团队中，有一个核心成员，但是该核心成员的地位却是团队成员协商的结果，因此，核心人物在某种意义上说是整个团队的代言人，而不是主导人物，其在团队中的行为必须充分考虑其他团队成员的意见，不像星状创业团队中的核心主导人物那样有权威。

4.1.5　案例：苹果公司的创业元勋

作为 21 世纪极负盛名的公司，苹果公司的诞生之地也不过只是一间小车库，员工加上所谓的高层也就寥寥数人。但不可否认的是，羽翼渐丰的苹果公司在团队构建上确有不同凡响的手法。这里充满着青春的活力，这些年轻人正是一种中坚力量，是他们研制了苹果计算机，并将公司发展成为与 IBM 具有同等竞争力的计算机公司。

1976 年，斯蒂夫·沃兹尼亚克和斯蒂夫·乔布斯设计出个人用的计算机，并于一年之后以苹果 II 型的商标投放市场。仅仅 3 年之后的 1980 年，苹果电脑公司已迅速发展成为拥有 1.18 亿美元的企业。尽管第二年 IBM 也推出了自己制造的个人计算机，但当年 28 岁的董事长斯蒂夫·乔布斯并没有打算让路。

他和他的同事亲密无间，像一群海盗一样大胆。乔布斯同时充当教练、一个班子的领导和新型经理，是一个完美的典型。

乔布斯是一个既狂热又明察秋毫的天才，他的工作就是专门出各种新点子，他是传统观念的活跃剂，不会把什么事情丢在一边，容不得无能与迁就的存在。

这些年轻人也纷纷对董事长乔布斯表述了自己的看法，他们希望在从事的工作中做出伟大的成绩。他们说："我们不是什么临时工，而是兢兢业业的技术人员。"他们要对技术有最新的理解，知道如何运用这些技术并用来造福人类。所以最简便的办法就是网罗十分出色的人物组成一个核心，让他们自觉地监督自己。苹果电脑公司招聘的办法是面谈，一个新来的人要和公司至少谈一次，也许要谈两三次，之后再来谈第二轮。当对录用者做出最后决定时，就把苹果电脑公司的个人计算机产品——麦金塔计算机拿给他看，让他坐在计算机跟前，如果他没有显出不耐烦，我们就说"这可是一部挺棒的计算机"来刺激一下，目的是让他的眼睛一下子亮起来，真正激动起来，这样就知道他和苹果电脑公司是否是志同道合的了。

当时公司人人都愿意工作，并不是因为有工作非干不可，而是因为他们满怀信心、目标一致。员工们一致认为苹果电脑公司将成为一个大企业。

公司现在正在扩展事业的版图，四处奔走招聘专业人才。许多人多数是外行，只懂管理，不懂干活儿，但是他们懂得什么是兴趣，什么是最好的经理，他们是最伟大的献身者，所以他们上任后肯定能够干出别人干不出的杰出成绩。苹果电脑公司的决策者一直是这样认为的。

苹果电脑公司在1984年1月24日推出麦金塔计算机（图4-2），在头100天里卖掉了75000台，而且销量还在持续上升，这种个人计算机粗略计算贡献了公司全年15亿美元销售额的一半。

图4-2

在苹果电脑公司中，如今一切都要参考麦金塔的经验，并且加以证明，可以从中获得许多这类概念来应用，在某些方面做些改进，然后形成模式，在所有的工厂中都在采用麦金塔市场的模式，每个制造新产品的小组都是按照麦金塔的模式工作的。麦金塔的例子表明，当一个发明班子组成以后，能够多么有效地完成任务，办法是分工负责，各尽其职，在人们意识到要为之做出贡献时，一个项目能否成功就是一次考验。在麦金塔外壳中不为顾客所见的部分是全组的签名，苹果电脑公司的这一特殊做法的目的就是为了给每一位最新发明的创造者本人，而不是给公司树碑立传。

附：苹果公司创业初期的十大元老

第10位：加里·马丁

加里·马丁是苹果公司的首任会计，在他初入苹果电脑公司之时，他便觉得该公司一定会失败，可是即便如此，他还是在苹果电脑公司待到了1983

年，并在该职位上就就业业地工作。这之后，他从苹果电脑公司跳槽到星巴克公司，后来，他还在一些公司担任首席财务官。如今马丁是一名私人投资家，并且是加拿大科技公司 LeoNovus 的董事会成员。

第9位：夏瑞尔·莱温斯顿

夏瑞尔是苹果电脑公司的第一位秘书，她为该公司付出了许多心血，迈克尔·斯科特雇佣了她，她也是苹果首任 CEO 的得力助手。

第8位：克里斯·伊斯宾萨

克里斯算得上是神童一般的人物，他在 14 岁的时候就加入了苹果电脑公司，那时他还在上高中。

第7位：迈克尔·斯科特

斯科特现在正研究三录仪（Tricorder），这种高科技产品曾经在电影《星际迷航》中出现过，主要的功能是用来鉴别宝石。当你拿着这个如手机一般大的仪器时，将它指向一块石头，它就会告诉你这是什么宝石，或者只是普通的石头。

第6位：兰迪·维金顿

维金顿的主要工作是重写苹果电脑公司从微软公司手里买过来的 BASIC 代码，使其能够在 Apple II 计算机上顺利运行。他还去过后来的 eBay、Google、Chegg 等公司，现在，他在一家支付创业公司工作。

第5位：罗德·霍尔特

霍尔特为 Apple II 计算机设计了供电部分，霍尔特在苹果电脑公司待了 6 年之后，被新任的经理赶出了公司。霍尔特曾是苹果电脑公司中最年长的员工，他出生于 1934 年，如今已是安享晚年的年纪了。

第4位：比尔·费纳德

比尔在苹果公司干到了 1993 年，后来去了一家数据库公司 Ingres。之后比尔在几家科技公司做工程师，一直到 2013 年 7 月比尔才取得成功，目前在 Omnibotics 公司出任 CEO。

第 3 位是：迈克·马库拉

迈克在苹果电脑公司一直待到 1997 年，他见证了乔布斯的沉浮，而当乔布斯再度回归的时候他却离开了公司。之后他投过一些创业公司，例如 Crowd Technologies 和 RunRev。后来他也曾创办了几家公司，目前身价已过 12 亿美元。

第 2 位：史蒂夫·乔布斯

关于乔布斯已经无须多言。

第 1 位：史蒂夫·沃兹尼亚克

沃兹尼亚克可以说是苹果公司早期员工中个人发展比较好的一员，他与乔布斯合伙，成功创立苹果电脑公司，而在 1985 年离开了该公司，一直到了 2002 年，他才终于决定成立一家名叫 Wheels Of Zeus 的公司。

4.2　团队建设的步骤与技巧

有人的地方就有争论，即便是志同道合的伙伴，有时也会产生无法调和的分歧。因此，在团队的组建过程中，势必要掌握一些方法与技巧，如图 4-3 所示。

图 4-3

4.2.1 创建团队的基本步骤

建立一个新创团队，可以通过下面 5 个步骤进行。

1. 制订战略目标与重点

明确自己事业的方向与工作重点至关重要，这对于选择创业合作者，以及后期制订整个团队章程等，都起着决定性的作用。

2. 创业者自我评估

创业者自我评估主要指就创业者的各项能力、素质，以及现有的资源进行自我测评，明确自己的优势与劣势，为后期寻找相似或者互补的团队成员（创业合作者）、寻找补充性的资源，提供重要参考依据。

3. 选择创业合作者

选择创业合作者，要注重两个核心问题。第一是注重互补性技能组合。在挑选团队成员时，要努力保证所找的对象有助于形成互补性的技能组合。值得注意的是，不仅要寻找那些目前拥有未来团队所需要技能的人员，也要寻找那些具备技能开发潜质的人员。通常的技能组合包括：解决问题的能力、决策能力、人际关系能力、专业技能、团队技能等。第二是注重人员规模。创业团队的人数初期一般不宜过多，以便于分配股权、内部统一集中管理、达成一致，以及高效率地执行，当然，具体规模应该根据战略目标与重点确定。

4. 确定组织结构、职责与权利

初期内部的组织结构设计，做到简单、高效、便于沟通交流与操作执行即可。同时，明确各自的职责与权利，具体包括组织所赋予的职责与权利范围，以及团队成员的授权范围。值得注意的是，职责的安排不应该是一成不变的，你可以在某一时间进行职责轮换，也可以指定几名成员在整个创业过程中共同承担某些职责，这也是高效创业团队的具体体现。

5. 制订组织目标与章程

制订组织目标（尤其是要突出初期可现实的目标）与章程，主要目的是统一创业团队的努力方向、价值取向以及行为规范，使创业团队的方向、文化和行为达成一致，确保创业发展不偏离轨道。

章程主要包括如下内容。

- 使命与目标。
- 团队文化。
- 决策原则。
- 团队行动纲领。
- 职责与分工。
- 绩效考核方法。
- 与利益相关者的沟通及关系处理。
- 团队成功的度量标准。

4.2.2 团队建设的技巧

团队建设技巧总结如下。

1. 彼此互补

这一点非常重要，团队角色理论的立足点就是多种角色的优势互补。因此，要做到彼此之间具有各种不同的技能，以便形成互补性技能组合。

2. 彼此相似

彼此的相似性是指创业团队成员之间往往具有相似的价值观、兴趣爱好、背景等。因此，选择创业团队成员时，应该尽量寻找与自己具有"相似性"的成员对象。

3. 创造价值

创造价值是指找寻创业合作者时，应该重点考虑对方是否能够帮助你解决眼前的棘手问题，或者未来是否可以为实现团队目标创造巨大价值，这些人通常在某些专业领域具有特殊才能。

4. 经验成熟

候选人是否具有团队工作经验也非常重要，如果你找寻的创业合作者具有类似领域、类似合作方式的团队工作经验，那么后期的团队磨合工作就会轻松很多，工作效率也会很高。

5. 从身边找人

向你身边的朋友或者同事宣讲你的战略目标，请求他们推荐可靠的人选，这样可以增强彼此的信任感、认同度，并减少后期考察对方、彼此磨合的时间成本。

6. 取得共识

"道不同不相为谋"，取得共识是一个创业团队高效运作、快速成长、走向成功的根本前提。因此，如果候选人并不认同你的价值观、战略目标、商业计划等，你应该考虑立刻换人。

4.3 打造高效团队

顾名思义，高效团队是指工作效率相对于一般团队更高的团队，其特点为明确的目标，赋能授权。高效团队类似古代军队中的王牌军，有道是"三军易得一将难求"，如果能打造这样一支由将才组成的精锐团队，那么，驰骋天下必不在话下。对于今天的创业来说，如果创业者身边围绕着一支高效团队，那无疑已经成功了一大半。

4.3.1 提升沟通、执行的效率

1. 提升沟通的效率

团队内的沟通类型分两种，修复沟通与预防沟通。以大部分人最常遇到的开会举例，开会时，对其他成员所发表的看法没有在会议上表达出自己觉得不合适的地方，而进一步询问那些感觉有异议的人，而是在会议结束后，才跟其他人分享自己觉得不合适的地方，这样的状况即是典型的修复沟通。相反，如果在会议上感觉不对劲后，便进一步询问是否有相关问题，引导同事说出觉得有疑虑处，则是预防沟通。

修复沟通会因为一开始没有立即解决疑惑点，导致事后需要花比预防沟通多数倍的心力去完成一件事。大部分的修复沟通者，往往选择忽略，装作没事，而在实际执行上，同一个会议室中的人通常都是实际执行中不可或缺的人。一个环节不认可，随意草草了事，都有可能影响整体的运转，待到问题发生后，再一个个慢慢解决只会更劳心劳力。而预防沟通的目的，是预防出现以后一连串亡羊补牢所消耗的成本，在一切还尚未发生前询问、了解、解决，实现真正有效的沟通。

将修复沟通转换为预防沟通，可以让沟通更有效率，避免以后不停地召开会议解决问题。而要确实做到预防沟通，有 3 个方法值得借鉴。

- 面对面的沟通——情绪有极大感染力。面对面沟通能够在短时间内最直接感受到参与者的反应，同时也能让听者更容易被报告者的情绪感染，双向沟通的阻力便会降低。
- 应该避免不必要的会议流程、内容等，为达到最佳的沟通效果，参与者需要专注地聆听报告者并适时给予回馈，如此，沟通才会有来有往，实现开会的目的。
- 经常性的沟通——最能有效降低修复沟通，沟通应该经常进行，培养参与者之间的默契，同时定期确认进度，才能让每一次会议都达到精准的预防沟通。

2. 提升执行力的效率

执行力是贯彻战略意图、完成预定目标的操作能力，也是把战略、规划转化成为效益、成果的关键。包含完成任务的意愿、能力和程度。执行力对个人而言就是办事能力，对团队而言就是战斗力，对企业而言就是经营能力。提升执行力有以下 5 种方法。

- 要有明确的目标：这是做好每项工作的前提条件。
- 要有细致的计划：这是推动工作的重要手段。
- 要有合理的流程：要按照流程保质保量地完成任务。
- 要有科学的考评：带动提升集体的执行力。
- 要有到位的监督：这是提高管理执行力的有效手段。

4.3.2 建立激励机制

管理深处是激励，激励对于团队经营至关重要。员工的能力和天赋并不能直接决定其对企业的价值，其能力和天赋的发挥在很大程度上取决于动机水平的高低。无论一个企业拥有多少技术和设备，除非由被激励起工作热情的员工所掌握，否则这些资源不可能被充分利用，也不会发挥最大的作用。

激励机制应具有针对性，能够满足不同员工的需求。如果想要激励方案能够满足不同员工的需求，应做到以下两点。首先，管理者要了解每一层次员工的需求，根据每一层次员工的需求设计相应的激励措施；其次，管理者还要考虑每个员工的特殊需要，了解员工的哪一层次的需要占主导地位，从而相应地为满足该层次的需要提供条件。

纵向来看，不同层次的员工处于不同的需求状态，如果是薪酬较低的专业技能人员，则要侧重满足他们的生理需求和自我实现的需求。横向来看，对于同一层次的员工，由于他们的个性和生活环境不同，他们的需求侧重也有所不同，所以，企业的激励方式应因时而变，因人而异，更要有针对性，才能取得实效。

小故事：海尔集团的激励机制

在海尔集团（图 4-4）的内部，将激励机制分为正激励奖和负激励罚两种。正激励是对员工符合组织目标期望的行为而进行的奖励，使这种积极向上的行为更多地出现，即更好地调动员工的积极性。例如，在海尔集团的奖励制度中有一项叫"命名工具"，这些被革新后的新工具的发明者都是一线的普通工人。

Haier

图 4-4

海尔集团的创始人张瑞敏看到了普通工人创新改革的深远意义，并想出了一个激励员工创新的好措施，即用工人的名字来命名他所革新的创新工具。这一措施大幅激发了普通员工在本岗位创新的激情，后来不断有新的命名工具出现，员工以此为荣。

最初海尔集团开始宣传"人人是人才"时，员工反应平淡，他们想：我又没受过高等教育，当个小工人算什么人才？但是当海尔集团把一个普通工人发明的每一项技术革新成果，以这位工人的名字命名，并且由企业文化中心把这件事作为一个故事登在《海尔人》报上，在所有员工中传开之后，工人中很快就兴起了技术革新之风。对员工创造价值的认可，是对他们最好的激励，及时的激励和更大的上升空间，能让员工觉得工作起来有盼头，有奔头，进而也能让员工创造更大的价值。

4.3.3　常见创业团队的问题与解决方法

在创业过程中，团队难免会遇到或多或少的问题。可能是由于团队领导者管理不善、团队技能组合支撑力不够、创业项目遇到巨大困难、多人与团队形成冲突等所造成的，这些原因最终会导致团队多数成员甚至所有成员对总体方向感到迷茫、彼此不信任、低效能、不作为等严重问题的出现。

因此，当团队遇到问题时，首先要做到的就是沉着冷静、积极应对，并动员、组织全体成员一起面对问题、共渡难关。一旦统一思想，问题便解决了一半。接下来就是正确分析团队所面临的问题的各种原因，并在短期内抓住主要矛盾，即核心问题，然后采取相应的对策，做到有的放矢。最后是针对其他问题"对症下药"，逐个击破，从而全面、成功地解决团队遇到的问题。

1. 传达与执行过程中出现问题

团队中需要分工合作，一个人的想法需要传达给别人，由别人实现这个想法。在这个想法的传达过程中，发生改变是必然的。有这样一个游戏，就是十几个人排成一列，第一个人看到一张图，然后用手势或其他方式告诉第二个人，第二个人又告诉第三个人，以此类推，到最后我们会发现，最后一个人很多时候所描述的内容都与原始的图片内容大相径庭。

想法本来是抽象的，我们需要用一些具体的方式把它描述出来，如语言、草图等。描述越接近最终成品，想法的改变就越小，当然做到这一点成本也会较高。沟通带来理解，理解带来合作。在这个过程中难免会有不顺畅的时候，这就需要我们及时沟通，以确保能最大限度地理解这个想法。

在理解了达成团队目标的想法之后，执行也是一大难点。如何确保执行能够步步落实呢？要做到明确公司战略目标，然后细分为每一阶段的目标，不要轻易改动，让员工感到踏实而不是飘忽不定，如果朝令夕改就很难被执行下去，久而久之就会破坏团队整体的执行力；根据公司的战略目标，从日常工作的细节抓起，只有明确分配，执行才能更到位，并且要有跟进、监督、评估、奖罚环节，缺一不可。

2. 成员意见产生分歧

团队是由人组成的，有人的地方一定会有分歧，在团队出现分歧的时候，作为领导者或团队中的一员，一定要有一个坚定的目标和理念——团队成员在一起，才能将事情做得更大。无论发生什么分歧，首先要知道我们的共同目标是什么？

分歧的成因其实很简单，只要我们用接受的心态看待每一个分歧，始终抓住团队的目标——通过发挥各自所长，将目标以最快速度达成，解决分歧这件事情真的很简单。

可以有分歧，但不可以没有沟通。人与人之间由于生活环境、工作经历、社会阅历等方面的差异，必然会产生不同的想法，这也是出现分歧的根源所在。但是工作中的分歧都是对事不对人的，大家都为了工作着想。出现分歧不去沟通，将固执当成个性，将一意孤行当成个人能力的体现，这本质上是一种不成熟的表现。

在分歧中寻找共识，通过共识化解分歧。问题都可以通过切换维度的方法来寻找共同点，先将分歧双方同步切换到对一些问题有共同认识的"频道"之中，才会建立解决分歧的桥梁。必须先就如下问题达成共识：要让你接受我的理论，需要观察到哪些事实；如果要我接受你的理论，又需要观察到哪些事实。这样一来，就可以找到一个和平解决分歧的方法。

最后要用批判性思维来总结这次分歧。一次分歧过程中，我们或多或少会抛出至少一个主要观点，争论过后，需要刻意使用批判性的思维进行自我辩证。

- 自己刚刚的观点是否正确？
- 观点的出发点是什么，动机是什么？
- 为何要与对方对此事进行争论？
- 在解决分歧的过程中，自己受到了哪些因素的影响？
- 有没有其他更好的解决方法？

3. 成员之间的关系产生冲突

个人与团队之间的冲突，实际上属于组织内部个人层面的问题。创业阶段个人与团队之间的冲突，通常是由于团队成员受到外部环境因素，或者团队内部其他成员的影响，产生的一些负面情绪，导致个人的行为偏离团队发展轨迹而形成的。具体表现为：个人的思维方式、表现行为与团队难以形成一致，甚至出现严重分歧或激烈的冲突，给团队发展造成巨大的阻力，例如失去了创业成功的信心，对团队的发展战略或营销策略产生怀疑，缺乏做事的激情，工作效率降低等。

此种情况的解决方法有两种。

第一种是"直接式"，即采取团队公开讨论的方式。采用这种方式时，每一位成员都可以开诚布公地就冲突行为发表评论，并提出解决方案。例如个人在团队活动中喜欢与不喜欢的行为、冲突行为的危害性或负面影响、期望产生冲突问题的个人如何调整并重新融入团队。问题解决过程中需要注意把握以下几项原则。

● 团队成员之间的相互信任与帮助是解决一切问题的前提。

● 出问题的个人要对其行为改进做出承诺，同时需要有人监督其改进过程与实效。

● 在彼此信任的前提下，团队成员一定要有培养、等待的耐心。

这就进一步要求团队成员必须充分意识到，一个完美的创业团队的创建过程，其实也是创业团队成员之间不断磨合、相互帮助、共同改进的过程，出现问题是不可避免的。

第二种是"间接式"，即私下面谈。由创业团队核心领导或负责维护团队关系的成员与表现出冲突行为的个人私下面谈，这种方式一般适用于问题并不是特别严重，或者出问题的个人自尊心较强的情况。面谈过程中，负责面谈的成员需要把握几个关键问题：了解具体的问题行为及其背后的原因；说明问题行为对团队的破坏力及其问题的严重性；推荐一种可替代的行为方案，或者共同提出对方认可的个人改进方案。

第 5 章

筹备创业资金

5.1 筹备创业资金的渠道

对于许多创办高新技术企业的创业者来说，面临的最棘手的问题就是怎样筹措到必要的资金。在我国，由于没有专门为中小企业提供贷款支持的银行，中小企业又无财产作为贷款的抵押物，很难从银行取得贷款。那么，创业者该如何筹措必要的资金，将手中的技术转化为产品和企业呢？

5.1.1 自有资金

一个企业必须具备一定规模才能进行生产经营活动。一定的生产经营规模，就表现为企业所有或所经营管理的财产（图 5-1），即注册资金具有一定的数额。例如，具有法人资格的私营企业，生产公司的注册资金不得少于30 万元，以批发业务为主的商业公司的注册资金不得少于 50 万元，以零售业为主的商业性公司的注册资金不得少于 30 万元，咨询服务性公司的注册资金不得少于 10 万元，其他企业法人的注册资金不得少于 3 万元。

图 5-1

通过家庭和亲朋好友的支持筹备创业资金是大学生创业资金来源的一个捷径。通常情况下，只要借款人没有不良的行为记录，家人及亲朋好友都会愿意支持大学生的创业投入。尤其是对于自己的父母来说，都希望子女在外能闯出自己的一番天地。如果向父母说明自己的创业理念和发展前景，父母都会对子女全力支持。而对于亲朋好友来讲，可以通过设置一定的盈利借款利率，使其从中获得高于银行的利息，从而达到双赢状态。因此，大学生在创业过程中，向家人及亲戚朋友寻求资金支持是一个相对便捷的方式。

5.1.2　合资与融资

1. 合资创业

合资创业是初期创业者会选择的最优创业方式，因为初次创业时没有太多的周转资金，或者没有太多技术与经验，找一个人合伙创业反而对自己的创业有很大的推动作用。合伙创业是合伙人基于创办企业发展经济的考虑，共同出资、出力进行的创业活动，这样的创业方式，资金较为充足，经营规模较大，容易产生效益。

合伙人将是创始人未来并肩作战的伙伴，也是在很长的一段时间里，一同面对困难与挑战的战友。合作是每个人达成梦想、实现目标、成就自我的必经之路。合作不会让你损失什么，只会让你得到更多，要相信自己，更需要信赖别人。

2. 融资创业

融资就是货币资金的融通，是当事人通过各种方式到融资市场上筹措或贷放资金的行为。融资也是一个企业的资金筹集的行为与过程。

（1）自融资

所谓"自融资"就是创业者自己出资或者从家庭好友筹集资金，绝大多数创业者靠自融资创建企业，因为专业的投资机构只对那些有可能高速成长的企业投资，因为只有这样，投资者才能实现高回报。能够获得这种专业投资的，只占创业企业的极少部分。即使是国内的创业大佬，经常也是先靠自己的资金来开始最初的创业，包括阿里巴巴、京东、美团等。

自融资的好处是相对比较快速、灵活，投资者的自我激励和约束大。但现实中的主要问题是：相当多的创业者缺乏自融资的能力和渠道；自融资通常难以满足创业企业快速发展的资金需求。

（2）外融资

外融资主要分为债务融资和股权融资。债务融资是不会稀释创业者的股份，而获得银行贷款的一种融资行为，这种融资方式将大幅缓解创业企业的资金压力，让公司可以更加健康、持久地发展。

股权融资是需要出让创业者的股权的，过多的股权融资会大幅稀释创业者的股份，这将大幅降低对创业者的激励，对创业者并非一件好事。但创业企业在快速发展的过程中，经常需要流动资金和其他运营资本，股权融资就是一种快速融资的方式。

5.1.3 众筹

众筹，全称为"大众筹资"，译自英文的 Crowd-Funding 一词，意为通过非定向的个人集资，以支持某个人或者某些团体的创意或努力。简而言之，众筹就是一种向普通大众广泛筹集资金的手段（图 5-2）。目前我们已经对在网络平台上频繁发起的众筹感到见怪不怪了，这要得益于互联网时代，信息传播性强、扩散速度快、影响范围广泛等特性。众筹就是一种众人拾柴火焰高的经济模式。

图 5-2

1. 众筹的构成

构建众筹模式主要有项目发起人、投资者和中介机构（众筹平台）这三个有机的组成部分。

（1）发起人：有创造能力但缺乏资金的人

项目是具有明确目标的、可以完成的，而且具有具体完成时间的非公益活动，如制作专辑、出版图书或生产某种电子产品。项目不以股权、债券、分红、利息等资金形式作为回报。项目发起人必须具备一定的条件（如国籍、年龄、银行账户、资质和学历等），拥有对项目 100% 的自主权，不受他人控制，完全自主。项目发起人要与中介机构（众筹平台）签订合约，明确双方的权利和义务。

发起人通常是需要解决资金问题的创意者或小微企业，但也有企业为了加强用户的交流和体验，在实现筹资目标的同时，强化众筹模式的市场调研、产品预售和宣传推广等延伸功能，以发起人的身份号召潜在用户介入产品的研发、试制和推广，以期获得更好的市场响应。

（2）投资者：对筹资者的故事和回报感兴趣的、有能力支持的人

投资者往往是数量庞大的互联网用户，他们利用在线支付方式对感兴趣的创意项目进行小额投资，每个出资人都成了天使投资人。公众所投资的项目成功实现后，对于出资人的回报不是资金回报，而可能是一个产品，也可能是一场演唱会的门票或一张唱片。

投资者资助创意者的过程就是其消费资金前移的过程，这既提高了生产和销售等环节的效率，生产出原本依靠传统投融资模式而无法推出的新产品，也满足了出资人作为用户的小众化、细致化和个性化的消费需求。换句话说，人人都可以做天使投资人。

（3）众筹平台（中介机构）

中介机构是众筹平台的搭建者，又是项目发起人的监督者和辅导者，还是出资人的利益维护者。上述多重身份决定了中介机构（众筹平台）的功能复杂性，责任重大。

首先，众筹平台要拥有网络技术支持，根据相关法律法规，采用虚拟运作的方式，将项目发起人的创意和融资需求信息发布在虚拟空间中，实施这一步骤的前提是在项目上线之前进行细致的实名审核，并且确保项目内容完整、可执行和有价值，确保没有违反项目准则和要求；其次，在项目筹资成功后要监督、辅导和把控项目的顺利展开；最后，当项目无法执行时，众筹平台有责任和义务督促项目发起人退款给出资人。

众筹平台目前面临多重挑战。在国内众筹市场的稚嫩期，平台方遭遇的困难与挑战相对更多。首先是市场的敏锐度和多种行业的经验要求。

在市场不成熟、支持方的辨识能力尚不充分的阶段，平台方需要具备对不同领域项目的筛查能力和市场敏感度。例如，开展科技众筹，需要对新发

明的捕捉；娱乐众筹，离不开大量的文艺界资源；金融众筹，需要大量对金融产品的运作知识，以及对法律法规的把握等。总之，平台方既要保证项目的吸引力，又要使项目本身具备众筹价值和市场认可度。

2. 众筹的规则

明晰的规则是必不可少的一环，一般来说硬性规则有以下三个。

（1）完成规则

筹资项目必须在发起人预设的时间内，达到或超过募集目标金额才算成功。之前所说的百事手机，即是在规定时间内没能达到目标金额而宣告失败。众筹的时间有长有短，一般来说，会根据所需要筹集的资金数额等因素来确定，等量条件下，筹集资金越多，时间上限越长。

达到筹集金额并非众筹的结束，投资者依然可以继续对项目进行投资，并且超过部分的投资人也能享有和之前投资人同等的权利和回馈。而众筹结束的唯一标准就是时间。一旦达到时间，众筹平台将会关闭投资入口，随即宣告众筹是否成功。

（2）放款规则

在设定天数内，达到或者超过目标金额，项目即成功，发起人可获得部分或全部资金；筹资项目完成后，支持者将得到发起人预先承诺的回报，回报可以是实物，也可以是服务、股份（捐赠式除外），如果项目筹资失败，那么已获资金按照平台的规则进行发放或撤回。不同的平台及项目，还会收取一定的佣金作为运营的成本及盈利。

（3）回馈规则

众筹不是捐款，所有支持一定要设有相应的回报。捐赠式众筹，也不等于是一种无意义的施舍。就国内来说，众筹买房、买车等为个人实现梦想而不计回报的"乞讨"式众筹并不为人所接受。即便是在国外，这种造梦式的众筹网站，也会设置一定的标准，来确保发起门槛，并且也会设置一定的回馈（可以是象征性的）。

3. 优点与定位

众筹作为新型的金融模式，以其独有的魅力受到了更多普通人的追捧，为创意、事件、活动提供了更广泛的融资来源，为天使投资人、创业投资（VC）、私募股权投资（PE）提供了更加准确的参考源——来自市场的检验，是众筹发起人必须突破的关卡。

首先，众筹打破了传统资本的拨款周期，扩大了融资的地理范围，项目投资者可能来自世界各地。早期阶段的公司可使用众筹探索产品的可行性，并尽可能去寻找低成本和低进入壁垒；其次，结合社交网络与创业融资平台，优秀的众筹网站已经成为投资人挖掘融资交易、互相联络的社交平台；再次，提高项目支持方的信息多样化，同一时间查看大量的众筹项目；最后，媒体和网络为项目的运营提供了公众舆论监督。

那么，如何把众筹的优势最大化呢？选好定位是关键。首先要定位目标客户，做众筹系统一定要了解目标客户的需求，只有满足了目标客户的需求，才能进行下一步开发工作。有了目标客户的需求，就可以知道股权众筹系统应该需要什么样的功能了，该如何实现等。平台功能的多少、难易程度与众筹系统开发所需的时间有密切的关系，但无论如何，基本的平台功能是必须包括的。

最后是内容定位。平台的内容应该与客户息息相关，最好是与客户相关的问题。如果在一个众筹的平台上，发了一些与众筹不相关的东西，那么可能就会失去这些客户。

5.1.4 参与创业项目或创业竞赛

目前，各大高校为支持大学生创业，培养新时代自主创业人才，都会设置一定的创业基金，以鼓励大学生进行自主创业，开拓事业（图5-3）。此外，学校还会举办各种形式的创业大赛，对大学生的创业理念和项目进行考察和评估，如果项目具有一定的可行性，校方则会发放一定的奖金作为创业者的启动资金。大学生可以积极参与到类似的创业活动中，在学校的充分支持下，筹备创业项目所需的资金。

图 5-3

大学生创业过程中通过大企业的融资进行筹资是筹集资金的一项重要措施，大学生创业团队如果想要得到大企业的财政支持，必须有一个富有创意的创业计划、项目发展计划、详细的商业报告，以及项目在目前和未来市场上良好的发展预期。获得企业创业资金的投资，除了需要良好的企业素质，还需要大学生具备一定的融资能力和技巧。通常情况下，可以说大学生创业者获得企业资金支持的过程，即是对创业企业投资价值的展示，以及大学生创业者融资技巧的发展过程。大学生创业者在和企业投资商进行投资项目谈判的时候，应该做好充分的准备，带上和自己创业项目相关的材料。

5.1.5　获取政府扶持资金

政府扶持资金采取专项资金的运作模式，一般都由政府部门或授权成立的独立资金管理机构来运作，政府扶持资金的来源主要是财政资金、回收的资助资金、社会捐助的资金，主要通过无偿资助和有偿资助（贷款贴息、资本金投入、返税等）的形式支持创业企业。

政府对大学生创业有一系列的扶持补贴政策，比如一次性创业补助、创业企业社会保险补贴、租金补贴、创业带动就业补贴。大学生创业补贴申请条件是从事创新创业活动毕业两年以内的全日制本专科生、研究生、海外留学归国人员、职业（技工）院校高级技工班以上学生，租赁经营场地，领取营业执照自主创业，而且正常经营在 1 年以上的，给予一次性自主创业补贴。

5.1.6 案例：IP文创众筹平台——摩点众筹

在互联网风起云涌的今天，众筹已经成为国内一种新兴的募资方式。在众筹平台上，有很多个人和企业可以发布自己的项目、产品，寻求资金支持。其中"摩点众筹"更是备受瞩目，是当下独树一帜的文化创意众筹社区（图5-4）。

图 5-4

在IP授权生态圈中，"摩点众筹"从2014年上线以来，一直发挥着"渠道风向标"的作用。比如在图书出版领域，"摩点众筹"在与故宫出版社、"奥秘之家"的合作中，帮助《谜宫·如意琳琅图籍》解谜书以2020万元的交易额打破全球出版类众筹纪录。

在正版动漫、影视IP衍生品行业，"摩点众筹"合作超过100家企业及独立品牌，共推出了155个项目，交易额超过4000万元，有10个项目的交易额超过100万元。

在文创领域，"摩点众筹"与"深圳随想曲文化"合作，通过新媒体营销手段，帮助"颐和园暖手宝"产品在24小时内完成交易200万元。

一些重点项目通过"摩点众筹"平台放大，并在"摩点众筹"线上首发新品，将IP在核心粉丝、核心用户中的影响力曝光后，让更多的渠道看到了这个IP的价值，以及IP相关产品的潜在市场机会，最终给IP所有方带来更好的销售成绩。

提升销量的同时也使企业有更多机会获得投融资，比如"奥秘之家"在"摩点众筹"做了多次众筹，分别是2017年的《奥秘地铁逃脱》、2018年的《唐人街探案2之侦探笔记》《奥秘地铁逃脱：双城记》《谜宫·如意琳琅图籍》《漫威：绝密档案》等。一方面与大 IP 合作，另一方面也将自己的原创项目逐渐 IP 化。

"奥秘之家"与"摩点众筹"合作了多个项目，从一个 9 万多元众筹金额的原创项目，逐渐培养出一个两千万众筹数字的项目。特别是故宫项目的成功，让"奥秘之家"在行业内有了一定的影响力，顺利拿到一笔 4000 多万元的融资。

2020 年 10 月，"葫芦文化"发起的"故宫出版社五米长卷重现大宋风华：《清明上河图》立体书"项目，筹集了 210 多万元，众筹项目完成后"摩点众筹"的团队又帮着卖了 15 万元；2020 年 10 月，"未读 UnRead"发起"《瑞克和莫蒂》首部官方设定集中文版 + 珍藏周边限量首发"项目，先众筹了 74.67 万元后，"摩点众筹"团队又卖了 17 万元。

"摩点众筹"创始人黄胜利表示："摩点众筹"要做的是从 0 到 100，从"灵光一闪"到"口口相传"的全链路赋能，从一个主意到一个品牌的过程。

IP 授权在变现的同时，也能通过各种垂类衍生品众筹活动，快速覆盖多种亚人群核心消费者，进行交叉营销和用户破圈。

从模式上看，"摩点众筹"业务的本质是 IP 粉丝经济的成熟商品化场景。基于粉丝经济的"产品上新"，结合了"打赏""预售""营销"等多种属性，通过众筹这种低成本的获客模式切入内容领域，沉淀大量付费意愿强、忠诚度高的核心粉丝群体。

5.2　合理分配资金

资金的运转作用在我们的创业发展中至关重要，想要创业公司良好地发展，就必须保证每个方面的发展都能够得到良好的支持。合理分配资金是一门学问，这是关乎创业者是否能持续经营的大问题。创业的资金调配需要投资者谨慎地分配，那么，如何进行良好的资金调配呢？

5.2.1　财务预测

财务预测是指对企业未来的收入、成本、利润、现金流量及融资需求等财务指标所做的估计和推测。财务预测是编制投资和融资计划的基础，是公司制订成长战略的基本要素。财务管理人员应该充分利用公司的有关信息资料，预测公司的财务，并做出相应的安排。

在创业阶段，可以先从成本开始预测，而不是收入，预测成本比预测收入容易得多。比如固定成本包括租金、公共费用（水费、电费等）、通信费、会计费、法律保险费、物流费，以及要支付的技术、广告、营销、员工工资等费用；可变成本则包括已销售商品成本、材料供应、包装等；还有直接人工成本。预测成本时由于广告和营销成本总是超出预期的，可以加倍进行预算；由于法律保险费用没有经验可供参考，而且总是超出预期的，也可以加倍进行预算。

财务预测一般按以下流程进行。

- 明确预测对象和目标：财务预测首先要明确预测对象和目标，然后才能根据预测的目标、内容和要求，确定预测的范围和时间。

- 制订预测计划：预测计划包括预测工作的组织领导、人事安排、工作进度、经费预算等。

- 收集整理资料：资料收集是预测的基础，公司应根据预测的对象和目的，明确收集资料的内容和方式，然后进行收集。对收集到的资料要检查其可靠性、完整性和典型性，分析其可用程度及偶然事件的影响，做到去伪存真、去粗取精，并根据需要对资料进行归类和汇总。

- 确定预测方法：财务预测工作必须通过一定的科学方法才能完成，使用定量方法时，应建立数理统计模型；使用定性方法时，要按照一定的逻辑思维，制订预算的提纲。

- 进行实际预测：运用所选择的科学预测方法进行财务预算，并得出初步的预算结果。预测结果可用文字、表格或图形等形式表示。

- 评价与修正预测结果：对于预测结果，要经过经济分析评价之后，才能予以采用。

许多创业者抱怨，建立具有任何准确度的预测都会花费大量时间，这些时间原可以用于销售。但如果不能提供一套周密的预测，很少会被投资者选择。更重要的是，合理的财务预测有助于制订和执行各种计划，有助于公司活过创业最初的阶段，从而进一步走向成功。

5.2.2 制订资金预算方案

资金预算是企业、机构或组织为实现经营目标和管理层次需要，按一定的时间周期，编制的各个经济业务的经费估算，通常涉及收入、支出、投资、财务状况等方面。

资金预算制度是对资金预算过程中的各项制度、规定及工作程序、职责分配、资金管理等进行统一管理和规范的体系。

资金预算制度的主要目的是：确保预算编制活动的科学性和准确性；保证预算的合理性、准确性、全面性、可操作性和时效性；统筹各项经济活动，协调各部门预算和实际行动；进一步规范资金管理，充分发挥财务管理在企业、机构或组织中的作用；对资金预算全过程进行监督、检查、控制和审批。

制订资金预算一般有如下步骤。

● 根据订单和计划成本编制采购资金计划。

● 根据生产计划和生产定额，编制工资成本计划和制造费用计划。

● 根据历史管理费用、财务费用的发生情况，编制月度费用计划。

● 根据订单交货日期和资金回收情况，编制收入计划。

● 根据当月应收账款的详细情况，编制应收账款回收计划。

● 根据上述计划，分析当月现金流，编制现金流量计划。

● 综合编制资金的筹措计划、资金按用途分配使用计划。

资金预算是实现企业战略目标的保障，企业应实施并不断完善全面预算管理，不断提升预算管理能力和时效，使资金运作周转起来。

第 6 章

了解商业模式

6.1 商业模式

商业模式是管理学中的重要概念，也是创业过程中必须解决的问题。

6.1.1 什么是商业模式

商业模式是指企业把资金、技术、产品或服务等要素依次整合、融入，实现高效、稳健的创新型经营体系，以获取利润的一种技术战略。

有一个好的商业模式就有了一半的成功保证。商业模式就是公司通过什么途径或方式来赚钱。通俗来说就是：饮料公司通过卖饮料来赚钱；快递公司通过送快递来赚钱；网络公司通过点击率来赚钱；通信公司通过收话费赚钱；超市通过平台和仓储来赚钱等。只要有赚钱的方式，就有商业模式的存在。

简而言之，商业模式是一个企业满足消费者需求的系统，这个系统组织管理企业的各种资源（资金、原材料、人力资源、作业方式、销售方式、信息、品牌和知识产权、企业所处的环境、创新力等），形成能够提供消费者无法自理而必须购买的产品和服务，因而，具有自己能复制，但不被别人复制的特性。

6.1.2 商业模式的组成

任何一次关于商业模式创新的讨论、会议或者专题研讨会，要取得良好的效果都应该在开始时就"究竟什么是商业模式"达成共识。我们需要每个人都能理解、定义的商业模式，以便于描述和讨论。大家需要从同一起点开始讨论相同的事情，因此，对于商业模式的共识必须简单切题、直观易懂，又不能过于简化企业运转职能的复杂性。

本书将商业模式分为客户、相对价值、分销渠道、客户关系、盈利来源、核心资源、关键业务、核心合作、成本结构 9 个组成部分，各部分的作用依次介绍如下。

1. 客户

客户构成了任何商业模式的核心，没有（可获益的）客户，企业就不能长久存活。为了更好地满足客户，企业可能把客户分成不同的类型，每个类型中的客户具有共同的需求、共同的行为和其他共同的属性。商业模式可以定义一个或多个客户细分类型。企业必须做出合理决议，到底该服务哪些客户细分群体，该忽略哪些客户细分群体。一旦做出决议，就可以凭借对特定客户群体需求的深刻理解，仔细设计相应的商业模式。

对不同的客户类型总结如下。

（1）大众市场

聚焦于大众市场的商业模式在不同客户细分之间没有多大区别。价值观、渠道通路和客户关系全都聚焦于一个大范围的客户群组，在这个群组中，客户具有大致相同的需求和问题，这类商业模式经常能在消费类电子行业中找到。

（2）利基市场

以利基市场为目标的商业模式，迎合特定的客户细分群体。价值观、渠道通路和客户关系都针对某个利基市场的特定需求定制。这样的商业模式经常可以在供应商和采购商的关系中找到。例如，很多汽车零部件厂商严重依赖来自主要汽车生产工厂的采购。

（3）区隔化市场

有些商业模式在略有不同的客户需求及困扰的市场细分群体之间会有所区别。例如，"瑞士信贷"的银行零售业务，在拥有超过 10 万美元资产的大客户群体与拥有超过 50 万美元资产的更为富有的群体之间的市场区隔就有所不同。这些客户细分有很多相似之处，但又有不同的需求和困扰。这样的客户细分群体影响了"瑞士信贷"商业模式的其他构造块，诸如价值观、渠道通路、客户关系和收入来源。瑞士微型精密系统公司专门提供外包微型机械设计和生产解决方案业务，服务于 3 个不同的客户细分群体——钟表行业、医疗行业和工业自动化行业，而为这些行业所提供的价值观略有不同。

（4）多元化市场

具有多元化客户商业模式的企业，可以服务于两个具有不同需求和困扰的客户细分群体。例如，2006 年，亚马逊公司决定通过销售云计算服务而使其零售业务多样化，即在线存储空间业务与按需服务器使用业务。因此，亚马逊公司开始以完全不同的价值观迎合完全不同的客户细分群体——网站公司。这个策略可以实施的根本原因是亚马逊公司强大的 IT 基础设施经营的多样化，其基础设施能被零售业务运营和新的云计算服务所共享。

（5）多边平台或多边市场

有些企业服务于两个或更多的相互依存的客户细分群体。例如，信用卡公司需要大量的信用卡持有者，同时也需要大量可以受理那些信用卡的商家。同样，企业提供的免费报纸需要大量的读者以便吸引广告商，另一方面，它还需要广告商为其产品及分销提供资金，这需要双边细分群体才能让这个商业模式运转起来。

2. 相对价值

相对价值是客户转向一家公司而非另一家公司的原因，它解决了客户的"选择困难综合征"或者满足了客户需求。每个相对价值都包含可选产品或服务，以迎合特定客户细分群体的需求。在这个意义上，相对价值是公司提供给客户的受益集合或受益系列。

有些相对价值可能是创新的，并表现为一个全新的或破坏性的提供物（产品或服务），而另一些可能与现存市场提供物（产品或服务）类似，只是增加了功能和特性。相对价值通过迎合细分群体需求的独特组合来创造价值。价值可以是定量的（如价格、服务速度）或定性的（如设计、客户体验）。下面一些要素有助于为公司创造相对价值。

（1）新颖

有些相对价值满足客户从未感受和体验过的全新需求，因为以前从来没有类似的产品或服务。这通常但不总是与技术有关，例如，移动电话围绕移动通信开创了一个全新的行业。另外，诸如伦理投资基金的产品与新技术关系甚微。

（2）性能

改善产品和服务性能是一个传统意义上创造价值的普遍方法。个人计算机行业有依赖于这个因素的传统，向市场推出更强劲的机型，但性能的改善似乎也有它的局限。例如，近几年运算更快速的 CPU、更大的磁盘存储空间和更好的图形显示效果都未能在用户需求方面促成对应的增长。

（3）定制

定制产品和服务以满足个别客户或客户细分群体的特定需求来创造价值。近几年来，大规模定制和客户参与制作的概念显得尤为重要。这个方法允许定制产品和服务，同时还可以利用规模经济优势。

（4）极致

无论何种工作，只要能用心做到最好，足以称得上"极致"，无疑可以创造价值。罗尔斯 - 罗伊斯航空公司很清楚这一点，该公司的客户完全依赖它所制造和服务的发动机，这样可以使客户把业务焦点放在他们的航线运营上。作为回报，航空公司按引擎用时向该公司支付费用。

（5）设计

设计是一个重要但又很难衡量的要素。产品可以因为优秀的设计脱颖而出。在时尚和消费电子产业中，设计是价值主张中一个特别重要的部分。

（6）品牌

客户可以通过使用和显示某个特定品牌而发现价值。例如，佩戴一块劳力士手表象征着财富。此外，女性可能穿戴最新的 GUCCI 品牌产品来显示她们的品位。

（7）价格

以更低的价格提供同质化的价值，是满足价格敏感类型客户的通常做法，但是低价主张对于商业模式的其余部分有更重要的意义。廉价航空公司，诸如西南航空公司、易捷航空公司和瑞安航空公司都设计了全新的商业模式，以便使低价航空旅行成为可能。另一个基于价格的价值主张例子可以在印度塔塔集团设计和制造的 Nano 新型汽车中找到，它以令人惊叹的低价使印度全民都买得起汽车。免费产品和服务正开始越来越多地渗透到各行各业，免费提供产品和服务的范围很广，从免费报纸到免费电子邮件、免费移动电话服务等无所不包。

(8) 可达性

把产品和服务提供给以前接触不到的客户，是另一种创造价值的方法。这既可能是商业模式创新的结果，也可能是新技术的结果，或者兼而有之。例如，奈特捷航空公司以普及私人飞机拥有权概念而著称。通过应用创新的商业模式，奈特捷航空提供私人及企业拥有私人飞机的权限，在此之前这项服务对于绝大部分客户来说都很难支付得起。同样，支付宝是通过提升可达性来创造价值的另一个例子，这种创新的金融产品使那些"小康微富"的人建立多元化的投资组合成为可能。

(9) 便利性

使事情更方便或易于使用可以创造可观的价值。苹果公司的 iPod 和 iTunes 为用户提供了在搜索、购买、下载和收听数字音乐方面前所未有的便捷体验。

3. 分销渠道

企业组织可以选择通过其自有渠道、合作伙伴渠道或两者混合来接触客户。自有渠道可以是直销的，例如内部销售团队或网站。渠道也可以是间接的，例如团体组织拥有或运营的零售商店渠道。合作伙伴渠道是间接的，同时在很大范围上可供选择，例如分销批发、零售或者合作伙伴的网站。

虽然合作伙伴渠道会导致更低的利润，但允许企业凭借合作伙伴的强项，扩展企业接触客户的范围和收益。自有渠道和部分直销渠道有更高的利润，但是其建立和运营的成本都很高。渠道管理的诀窍是在不同类型的渠道之间找到适当的平衡，并整合它们来创造令人满意的客户体验，同时使收入最大化。

4. 客户关系

企业应该弄清楚希望和每种客户类型建立的关系类型，客户关系范围可以从个人到自动化。客户关系可以被以下几种动机所驱动。

● 客户获取。

● 客户维系。

● 提升销售额（追加销售）。

例如，早期移动网络运营商的客户关系由积极的客户获取策略所驱动，包括免费移动电话。当市场饱和后，运营商转而聚焦客户保留和维系，以及提升单客户的平均收入。商业模式所要求的客户关系深刻地影响着全面的客户体验。

客户关系分成几种类型，这些客户关系可能共存于企业与特定客户细分群体之间。

（1）个人助理

这种关系类型基于人与人之间的互动。在销售过程中或者售后阶段，客户可以与客户代表交流并获取帮助。在销售地点，可以通过呼叫中心、电子邮件或其他销售方式等个人助理手段来进行。

（2）专用个人助理

这种关系类型包含了为单一客户安排的专门客户代表，它是层次最高、最亲密的关系类型，通常需要较长时间来建立。例如，私人银行服务会指派银行经理向高净值个人客户提供服务。在其他商业领域也能看到类似的关系类型，客户经理与重要客户保持着私人联系。

（3）自助服务

在这种关系类型中，一家公司与客户之间不存在直接的关系，而是为客户提供自助服务所需要的所有条件。

（4）自动化服务

这种关系类型整合了更加精细的自动化过程，用于实现客户的自助服务。例如，客户可以通过在线档案来定制个性化服务。自动化服务可以识别不同客户及其特点，并提供与客户订单或交易相关的信息。最佳情况下，良好的自动化服务可以模拟个人助理服务的体验(例如，提供图书或电影推荐)。

（5）社区

目前各公司正越来越多地利用用户社区与客户 / 潜在客户建立更为深入的联系，并促进社区成员之间的互动。许多公司都建立了在线社区，让其用户交流知识和经验，解决彼此的问题。

社区还可以帮助公司更好地理解客户需求。制药巨头葛兰素史克在推出新的自由处方减肥药物产品 Alli 时，就建立了私营的在线社区。葛兰素史克公司希望能够更好地理解肥胖人群面临的问题，从而学会更好地管理用户期望。

（6）共同创作

许多公司超越了与客户之间传统的客户和供应商的关系，而倾向于和客户共同创造价值。亚马逊书店就邀请顾客来撰写书评，从而为其他读者提供参考。有的公司还鼓励客户参与到全新和创新产品的设计过程中来。还有一些公司，例如，弹幕视频观看网站 Bilibili（图 6-1），便请用户来创作视频供其他用户观看。

图 6-1

5. 盈利来源

如果客户是商业模式的"心脏"，那么收入来源就是"动脉"。那么，创业者必须问自己，什么样的价值能够让各类型的客户真正愿意掏钱？只有回答了这个问题，企业才能在各客户细分群体上发掘一个或多个收入来源。每个收入来源的定价机制可能不同，例如固定标价、谈判议价、拍卖定价、市场定价、数量定价或收益管理定价等。

一个公司的盈利来源不外乎以下几种方式。

（1）资产销售

最为人熟知的收入来源方式是销售实体产品的所有权。亚马逊公司在线销售图书、音乐、消费类电子产品和其他产品。菲亚特公司销售汽车，客户购买之后可以任意驾驶、转售，甚至破坏。

（2）使用收费

这种收入来源于通过特定的服务收费，客户使用的服务越多，付费越多。

电信运营商可以按照客户通话时长来收费；旅馆可以按照客户入住天数来收费；快递公司可以按照运送物品的距离来收费。

（3）订阅收费

这种收入来自销售重复使用的服务。一家健身房可以按月或按年以会员制的方式来销售健身设备的使用权；《魔兽世界》（图 6-2）允许玩家使用按月订阅（即通常所说的"月卡"）的付费方式；诺基亚公司的音乐服务也可以让用户通过按月订阅付费的方式来收听音乐。

图 6-2

（4）租赁收费

这种收入来源于针对某个特定资产在固定时间内的暂时性排他使用权。对于出借方而言，租赁收费可以带来经常性收入的优势；另一方面，租用方或承租方可以仅支付限时租期内的费用，而无须承担购买所有权的全部费用。

Zipcar.com（图 6-3）提供了一个很好的例证，该公司可以让客户在北美各大城市按小时租车。Zipcar.com 的服务导致许多消费者决定租赁汽车而不再购买汽车。

图 6-3

（5）授权收费

这种收入来自将受保护的知识产权授权给客户使用，并换取授权费用。授权方式可以让版权持有者不必将产品制造出来或者将服务商业化，仅靠知识产权本身即可产生收入。授权方式在媒体行业非常普遍，内容所有者保留版权，但是可以将使用权销售给第三方。同样，在技术行业，专利持有人授权其他公司使用专利技术，并收取授权费作为回报。

（6）经纪收费

这种收入来自为了双方或多方之间的利益所提供的中介服务而收取的佣金。例如，信用卡提供商作为信用卡商户和顾客的中间人，从每笔销售交易中抽取一定比例的金额作为佣金。同样，股票经纪人和房地产经纪人通过成功匹配卖家和买家来赚取佣金。

（7）广告收费

这种收入来源于为特定的产品、服务或品牌提供广告宣传服务。传统上，媒体行业和会展行业均以此作为主要的收入来源。近几年，在其他行业包括软件和服务，也开始逐渐向广告收入倾斜，尤其是最近正火爆的"网红"经济。

6. 核心资源

核心资源用来描绘让商业模式有效运转所必需的最重要因素。

每个商业模式都需要核心资源，这些资源使企业、组织能够创造和提供价值主张、接触市场、与客户细分群体建立关系并赚取收入。不同的商业模式所需要的核心资源也有所不同。微芯片制造商需要资本集约型的生产设施，而芯片设计商则需要更加关注人力资源。

核心资源可以是实体资产、金融资产、知识资产或人力资源。核心资源既可以是自有的，也可以是公司租借的或从重要伙伴那里获得的。核心资源可以分为以下几类。

（1）实体资产

实体资产包括实体的资产，诸如生产设施、不动产、汽车、机器、系统、销售网点和分销网络等。沃尔玛和亚马逊等零售企业的核心资产就是实体资产，且均为资本集约型资产。沃尔玛公司拥有庞大的全球店面网络和与之相配套的物流基础设施；亚马逊公司拥有大规模的 IT 系统、仓库和物流体系。

（2）知识资产

知识资产包括品牌、专有知识、专利和版权、合作关系和客户数据库，这类资产日益成为强健商业模式中的重要组成部分。知识资产的开发很难，但成功建立后可以带来巨大价值。快速消费品企业，例如耐克和索尼公司主要依靠品牌为其核心资源。微软和 SAP 公司依赖通过多年开发所获得的软件和相关的知识产权。宽带移动设备芯片设计商和供应商高通公司是围绕芯片设计专利来构建其商业模式的，这些核心资源为该公司带来了大量的授权收入。

（3）人力资源

任何一家企业都需要人力资源，但是在某些商业模式中，人力资源更加重要。例如，在知识密集产业和创意产业中，人力资源是至关重要的。制药企业，例如诺华公司，在很大程度上依赖于人力资源，其商业模式基于一批经验丰富的科学家和一支强大且业务娴熟的销售队伍。

（4）金融资产

有些商业模式需要金融资源或财务担保，例如现金、信贷额度或用来雇用关键雇员的股票期权池。电信设备制造商爱立信公司提供了一个在商业模式中利用金融资产的案例。爱立信公司可以选择从银行和资本市场筹资，然后使用其中的一部分为其设备客户提供卖方融资服务，以确保是爱立信公司而不是竞争对手赢得订单。

7. 关键业务

关键业务构造模块用来描绘为了确保其商业模式可行，那些企业必须做的、最重要的事情。

任何商业模式都需要多种关键业务活动。这些业务是企业得以成功运营所必须实施的最重要动作。正如核心资源一样，关键业务也是创造和提供价值主张、接触市场、维系客户关系并获取收入的基础。而关键业务也会因商业模式的不同而有所区别。例如，对于微软等软件制造商而言，其关键业务是软件开发；对于戴尔等计算机制造商来说，其关键业务是供应链管理；对于麦肯锡咨询企业而言，其关键业务是问题求解。

关键业务可以分为以下几类。

（1）制造产品

这类业务活动涉及生产一定数量或满足一定质量的产品，与设计、制造及发送产品有关。制造产品这一业务活动是企业商业模式的核心。

（2）问题解决

这类业务是指为个别客户的问题提供新的解决方案。咨询公司、医院和其他服务机构的关键业务是问题解决，它们的商业模式需要知识管理和持续培训等业务。

（3）平台／网络

以平台为核心资源的商业模式，其关键业务都是与平台或网络相关的。网络服务、交易平台、软件，甚至品牌都可以看成是平台。淘宝网的商业模式决定了公司需要持续地发展和维护其平台——淘宝网站；而维萨公司（Visa）的商业模式需要为商业客户、消费者和银行服务的 Visa 信用卡交易平台提供相关的业务活动；微软公司的商业模式则是要求管理其他厂商软件与其 Windows 操作系统之间的接口。此类商业模式的关键业务与平台管理、服务提供和平台推广相关。

8. 核心合作

关键合作构造用来描述让商业模式有效运作所需的供应商与合作伙伴的网络。

企业会基于多种原因打造合作关系，合作关系正日益成为许多商业模式的基石。很多公司创建联盟来优化其商业模式、降低风险或获取资源。我们可以把合作关系分为以下 4 种类型。

- 在非竞争者之间的战略联盟关系。
- 在竞争者之间的战略合作关系。
- 为开发新业务而构建的合资关系。
- 为确保可靠供应的购买方和供应商关系。

以下 3 种动机有助于创建合作关系。

（1）商业模式的优化和规模经济的运用

伙伴关系或购买方和供应商关系的最基本形式，是设计用来优化资源和业务的配置。公司拥有所有资源或自己执行每项业务活动是不合逻辑的，优化的伙伴关系和规模经济的伙伴关系通常会降低成本，而且往往涉及外包或基础设施共享。

（2）风险和不确定性的降低

伙伴关系可以帮助减少以不确定性为特征的竞争环境的风险。竞争对手在某一领域形成了战略联盟，而在另一个领域展开竞争的现象很常见。例如，蓝光光盘（一种光盘格式）由一个世界领先的消费类电子、个人计算机和媒体生产商所构成的团体联合开发，该团体合作把蓝光技术推向市场，但个体成员之间又在竞争销售自己的蓝光光盘产品。

（3）特定资源和业务的获取

很少的企业拥有所有的资源或执行所有其商业模式所要求的业务活动。相反，它们依靠其他企业提供特定资源或执行某些业务活动来扩展自身能力。这种伙伴关系可以根据需要，主动地获取知识、许可或接触客户。例如，移动电话制造商可以为其手机获得一套操作系统授权而不用自己开发；保险公司可以选择依靠独立经纪人销售其保险，而不是发展自己的销售队伍。

9. 成本结构

成本结构用来描绘运营一个商业模式所引发的所有成本。

这个构造用来描绘在特定的商业模式运作下，所引发的最重要成本。创建价值和提供价值、维系客户关系，以及产生收入都会引发成本，这些成本在确定关键资源、关键业务与重要合作后，可以相对容易地计算出来。然而，有些商业模式相比其他商业模式更多的是由成本驱动的。例如，那些号称"不提供非必要服务"的航空公司，都是完全围绕低成本结构来构建其商业模式的。

很自然，在每个商业模式中成本都应该被最小化，但是低成本结构对于某些商业模式来说，比另外一些更重要。因此，区分两种商业模式成本结构类型会更有帮助，即成本驱动和价值驱动（许多商业模式的成本结构介于这两种极端类型之间）。

（1）成本驱动

成本驱动的商业模式侧重于在每个地方尽可能地降低成本。这种做法的目的是创造和维持最经济的成本结构，采用低价的价值主张、最大限度的自动化和广泛外包。廉价航空公司，如西南航空公司、易捷航空公司和瑞安航空公司就是以成本驱动商业模式为特征的。

（2）价值驱动

有些公司不太关注特定商业模式设计对成本的影响，而是专注于创造价值。增值型的价值主张和高度的个性化服务，通常是以价值驱动型商业模式为特征的。豪华酒店的高档设施与其独到服务都属于这一类。

成本结构由以下几个方面组成。

● 固定成本：不受产品或服务的产出业务量变动影响而能保持不变的成本，例如薪金、租金、实体制造设施。有些企业，例如那些从事制造业的公司，是以高比例固定成本为特征的。

● 可变成本：伴随商品或服务产出业务量而按比例变化的成本。有些业务，如音乐节，是以高比例可变成本为特征的。

● 规模经济：企业享有产量扩充所带来的成本优势。例如，规模较大的公司从更低的大宗购买费用中受益。随着产量的提升，这个因素和其他因素一起，可以引发平均单位成本下降。

● 范围经济：企业由于享有较大经营范围而具有的成本优势。例如，在大型企业，同样的营销活动或渠道通路可支持多种产品。

6.1.3 如何选择合适的商业模式

一次创意可以多次复制使用就是好的商业模式。对于创业者来说，应该追求一个好的商业模式，才更容易成功。一般来讲，好的商业模式有以下几个特点。

● 产品简单。针对用户的一个强需求，将用户体验做到极致。

● 前提要简单。一项业务如果要以三个以上的条件为前提，环节就过于复杂了，更是不可执行的。

- 一次创意型。好的商业模式都只需要一次创意，凡是需要不断创意的生意都是难度极高的，成败完全取决于下一次的创意，这种生意风险很大。

- 可以低成本扩张。需要巨额投入来拓展市场的商业模式风险很大，例如"商务通"和"好记星"的广告不能停止，否则就意味着销量逐步下滑，需要一直投入，扩张成本很高。

- 要有一定门槛。没有门槛或者门槛很低的商业模式，意味着率先尝试的人如同第一个吃螃蟹的人，倘若成功，大家便会蜂拥而上，与你一起分享胜利的成果，反之，则是独自承担失败的痛苦。

在思考创业团队适合什么的商业模式时，可以结合以下要素进行判断。

- 客户要素：关键是客户定位和洞察客户的需求。

- 产品要素：产品要独具特色，产品的质量、功用、价格、品牌、价值都要有前瞻性，能满足客户希望满足的要求。一般原则是，人无有我、人有我优、人优我转。

- 运营要素：关键是你的产品和服务是怎样打造出来的，即内在价值。

- 渠道要素：就是企业如何将产品和服务与客户联结，也就是如何分销和传播。

- 经营者要素：关键是商业模式的设计、抉择和企业经营活动的决策，其载体就是企业领导人及其决策班子。

- 管理要素：关键在商业模式的执行，包括企业文化、组织结构、管理机制等规章制度、工艺流程、各种标准的制定和执行。

- 竞争壁垒要素：就是商业模式的保护要素，防止客户和企业价值流失。

6.2 经典商业模式分析

了解了商业模式的组成，本节便为大家总结当前已经出现且较为成熟的商业模式，每一类都为许多公司带来了不俗的表现。

6.2.1 案例：非绑定式商业模式——移动电信行业的业务分拆

"非绑定"模式的概念认为，存在 3 种不同的基本业务类型：客户关系型业务、产品创新型业务和基础设施型业务。每种类型都包含不同的经济驱动因素、竞争驱动因素和文化驱动因素。3 种类型可能同时存在于一家公司，但是理论上这三种业务可以"分离"成独立的实体，以避免冲突和不利的权衡妥协。

目前，我国移动电信服务行业也进入了质量发展阶段，行业投资主要用于技术创新、产品研发等方面，短期内行业企业也将加大相关的投资来获得更多的市场竞争力，从而获得更广阔的市场。我国经济的良好发展为移动电信服务行业提供了良好的市场消费环境。

传统的电信运营商竞争围绕着网络质量进行，但现在更应该突出与竞争者共享网络，或者将网络运营外包设备制造商。因为运营商的核心资产将不再是网络，而是它们的品牌及客户关系。

因此，电信运营商应该根据上述业务的不同而相对独立于不同的运营实体，分别为网络运营、客户运营、平台运营。

- 网络运营方面：外包给电信设备制造商，他们可以从规模经济中获益，并可用更低的成本运营网络。
- 客户运营方面：客户关系成为业务分拆的电信运营商的核心资产与核心业务，获得大规模的客户份额，范围经济是关键。
- 平台运营/产品驱动方面：电信运营商与大量第三方（内容供给商）在创新技术和媒体内容上合作，创新和速度是关键。

"非绑定"模式也解决了对近期公司历次改革的困惑，或者对"中国移动"来说，也需要就上述 3 种业务做不同的、相对独立的运营实体。

6.2.2 案例：长尾式商业模式——亚马逊

长尾式商业模式的核心是多样少量，该模式关注为利基市场提供大量产品，每种产品相对而言卖得都少。利基产品销售总额可以与凭借少量畅销产品产生绝大多数销售额的传统模式相媲美。长尾模式需要低库存和强大的平台，并使利基产品对于兴趣买家来说容易获得。

长尾概念是由克里斯·安德森提出的，这个概念描述了媒体行业从面向大量用户销售少数拳头产品，到销售庞大数量的利基产品的转变，而每种利基产品都只产生小额销售量。长尾理论在媒体行业以外的其他行业也同样有效。安德森认为引发了长尾现象的有下面3个经济触发因素。

- 生产工具的大众化：不断降低的技术成本，使个人能够接触到几年前还十分昂贵的工具。
- 分销渠道的大众化：电子商务使产品能以极低的库存、沟通成本和交易费用，为利基产品开拓新市场。
- 连接双方的搜索成本不断下降：销售利基产品真正的挑战是找到感兴趣的潜在买家。如今强大的搜索和几大电子商务平台，已经让这些挑战容易多了。

亚马逊公司就是长尾型商业模式的标志性企业，说到长尾式商业模式，就不得不提亚马逊公司利用这一商业模式的成功。亚马逊公司是美国最大的网络电子商务公司，成立于1994年，是网络上较早开始经营电子商务的公司之一，一开始只经营网络的书籍销售业务，现在则销售范围相当广的其他产品，已经成为全球商品品种最多的网上零售商和全球第二大互联网企业（图6-4）。

图 6-4

亚马孙河是一条世界著名的大河流，海纳百川，公司取这个名字也可以代表其经营理念。图书、音乐光盘、家电、服饰、鞋、文具和食物等在亚马逊商城网站上应有尽有。由于是网络商城，与传统实体店铺只能在有限的陈列空间摆布畅销品的情况不同，在网络商场上可以展示各种各样的物品，而上面也有自营和外部小店注册，这样就把整个客流量都聚集起来，最终依靠长尾型商业模式获利颇丰。

巨大的长尾效应给亚马逊公司带来超额利润。常规的最大的书店只有几十万本书，亚马逊书店有 310 万本书，长尾理论挑战传统的 20% 的重度消费者购买 80% 产品的营销理论，互联网的低成本让 80% 的低度消费者成为利润的重要来源。

当然，现如今的亚马逊公司也不是最开始单纯依靠长尾型商业模式的企业了，而是一个结合多方平台型和现收现付型的综合型商业模式公司，特别是云计算的推出，更加速了亚马逊商业摩天轮的转动。一方面利用 AI 主动推荐长尾型稀缺商品给精准客户；另一方面利用云计算为客户提供数据存储使用空间，最终盈利能力越来越强。

6.2.3　案例：多边平台式商业模式——腾讯

所谓的"多边平台"是将两个或者更多有明显区别，但又相互依存的客户群体集合在一起的平台。每个客户细分群体之间都是相互依存的，并且有自己的价值主张和收入来源。平台成为这些客户群体的中介来创造价值。事实上，多边平台对于某个特定用户群体的价值，基本上依赖于这个平台"其他边"的客户数量。平台运营商通常会通过为一个群体提供低价甚至免费的服务来吸引他们，并依靠这个群体来吸引与之相对的另一个群体。

多变平台式模式感觉特别适用于现在移动互联网的竞争中，希望能成为产业链主导的各大企业，如腾讯（图 6-5）、谷歌。

图 6-5

整体模式的核心资源是平台，3 个关键业务通常是平台管理、服务提供和平台推广。价值主张通常在 3 个方面创造价值，首先是吸引各用户群体；其次是作为客户细分群体的媒体；最后是在平台上通过渠道化的交易降低成本。

腾讯移动开放平台是移动应用建立的"用户模式"捷径。盈利模式的基础是用户模式，成功地建立了用户模式，企业才可能找到盈利模式。腾讯移动开放平台以及 QQ 关系链的逐步开放，将为广大移动应用软件的开发者建立用户模式提供了一条捷径。

从用户规模讲，如果腾讯移动开放平台账号登录系统全面开放，超过 7.6 亿的 QQ 活跃账户都将成为潜在的移动应用用户，开发者将可以快速获得规模级用户。

从用户体验来讲，由于生活节奏加快和时间碎片化，人们开始频繁地在不同终端之间，或者同一终端的不同应用之间切换，然而使用不同账号登录的成本巨大，同时也存在着安全隐患。在腾讯移动平台开放之后，用户即可直接使用 QQ 账号授权登录的第三方应用，仅使用一个账号即可在不同应用之间游走，安全便捷，这将大幅提升用户的体验度。

不仅如此，在 QQ 关系链逐步开放之后，开发者还可以充分利用它们为用户创造更丰富的体验。例如，打通不同应用之间的沟通界限，用户可以在不同应用的工作、购物、游戏等动态下，随时随地与好友分享、互动。而且将 QQ 成熟的社交关系链导入移动应用，在新的社交场景中发展转化，可以大幅度提升用户的忠诚度。

对于开发者而言，这样建立良好的用户模式，最终的目的是更好地实现盈利。所以帮助移动开发者构建盈利模式，也是腾讯公司在移动端开放时的重要布局之一。据悉，对于开发者最关心的支付问题，腾讯也将提供支付平台移动端的开放支持。对毛利比较高的产品，有 Q 币、Q 点支付；而对于与现实生活比较接近的支付体验，例如电子商务，有财富通和网银快捷支付。

除此之外，腾讯公司也为移动开发者带来系统的广告盈利模式。随着 QQ 关系链在移动端的逐步开放，基于 QQ 关系的精准营销广告系统——广点通，未来也将推广到移动互联网。所有的应用软件都将可以使用这个平台，创造广告价值。这也就意味着，对于大量免费应用开发者而言，也同样可以通过腾讯的海量用户和广告平台来赚钱。

然而，腾讯移动开放平台及 QQ 关系链在移动端的开放，所带来的移动商业模式变革远不止如此，甚至可能根本无法预测。对于移动开发者来说，关于如何抓住这可遇不可求的巨大机遇还需要思考和探索，也更需要快速行动起来。

6.2.4 案例：免费式商业模式——支付宝

在免费式商业模式中，至少存在一个庞大的客户类型——可以享受持续的免费服务，免费服务可以来自多种模式。通过该商业模式的其他部分，或者其他客户细分群体，给非付费客户类型提供财务支持。

有很多企业家开始重视免费，开始想方设法将免费战略应用到自己的企业中，试图为企业带来希望、带来突破，但是很多人都看不清免费的商业本质，所以事倍功半。企业在制订与实施免费战略时，应该紧紧把握住免费的商业本质——交叉补贴。传统的交叉补贴是指对企业的核心、利润最高的产品进行收费，同时一些附加产品、延伸产品进行让利，赠送给客户。

自从互联网上的免费模式对实业产生一定的影响和冲击之后，交叉补贴开始更具颠覆性——将其核心产品完全释放，全部免费，开始转而对附加产品进行收费。实际上，在开始实施免费后，人们以零或者很低的价格开始使用后，企业总是很难说服他们付费或者付更高的费用，但增值功能可以很好地解决盈利问题，这就是交叉补贴。

免费模式下的三种收入方式。

- 企业级用户提供利用维基技术定制的产品和服务。
- 免费提供软件供用户使用，通过技术支付和服务收费。
- 利用广告模式收费。

"互动百科"在各类手机商店中推出由相关广告商冠名的免费小百科全书，获取用户的资料，然后将其提供给广告商。

支付宝创造支付行业第一品牌，成为国内领先的第三方独立支付平台

（图 6-6）。支付宝从依托于淘宝的发展壮大，逐步拓展合作伙伴，逐渐发展成为独立、信誉可靠的第三方支付平台，专注于网上支付与具体行业相结合的应用工作，为国内电子商务运营商、互联网和无线服务提供商，以及个人用户创造了一个快捷、安全和便利的在线及无线支付平台。

图 6-6

支付宝的目标客户一类是个人注册用户，包括以淘宝为主的各支付宝合作伙伴的注册用户，主要包括芒果、申通、卓越、携程、春秋、奥客等；一类是专门从事电子商务的银行，例如中国工商银行、中国农业银行、中国邮政储蓄银行、中国民生银行等，以"支付宝"为品牌的支付产品包括人民币网关、外卡网关和神州行网关等众多产品，支持互联网、手机和固话等多种终端，满足各类企业和个人的不同支付需求。

以下是支付宝的三大盈利来源。

1. 服务佣金

第三方支付企业先与银行签订协议，确定银行缴纳的手续费率，然后，第三方支付平台根据这个费率，加上自己的服务佣金，再向客户收取费用。

2. 广告收入

支付宝主页上发布的广告针对性强，包括横幅广告、按钮广告、插页广告等。从总体上看，广告布局所占空间较少，布局设计较为合理，体现出了内容简洁、可视性强的特点。而且主页上的若干公益广告，也可以让用户了解更多的技术行业信息。

3. 其他金融增值性服务

这类收入来自代买飞机票、代送礼品等生活服务。一方面，支付宝依托淘宝以及各项电子商务产业的发展，在壮大自己的同时，又将自己定位在第三方独立支付角色，兼顾网上支付与具体行业相结合的应用工作。支付宝涉及银行不愿做的特别服务，凭借这一点，支付宝既能真正地掌握用户的个性化需求，积累了大量的用户，增强了用户的忠诚度，同时，支付宝又能利用自己现有的用户资源优势，收集、总结用户使用信息，根据用户反馈提出具有针对性的改进意见，并设计推出一系列增加用户忠诚度的增值性服务，以微利的模式为用户提供服务，而有效地保持用户忠诚度又保证了其他业务增值在平台上顺利延伸；另一方面，支付宝拥有一个具有一定技术优势的费率架构，其独特的服务收费理念，在保证了用户能够免费、便捷地使用的同时，也降低了中小商家企业开展网络营销的门槛。这种理念被行业普遍认可，同时也迅速成为同行竞相模仿的价值所在。

作为第三方支付应用，支付宝的注册用户达到上亿规模，同时培养了网民的支付使用习惯，也解决了付费渠道的问题。现阶段，支付宝已占据网上零售市场近 8 成的交易额份额。在互联网其他付费服务的渗透下，支付宝仍有望成为商务时代的互联网基础应用之一，规模庞大的支付宝用户也将快速推动其他商业模式的发展，以及诸多传统业务的互联网化。因为第三方在线支付各厂商的服务模式基本相同，而且新应用易被复制，所以用户规模成为最重要的竞争因素，同时也促成了支付宝持续领先的壁垒。而且由于第三方在线支付与用户银行账户的关联，所以用户所拥有的银行账户较为稳定，再加上对于支付宝的使用习惯，因此，支付宝用户流失的可能性较低。可是，其他第三方支付厂商并非没有市场竞争的机会，支付宝注册用户的基础来源于淘宝网，因此，依托于"拍拍"和"腾讯"其他平台的"财付通"，以及百度公司的"百付宝"等也仍有发展的空间和机会，而其中的关键就在于其应用平台是否拥有足够的市场空间和用户竞争力。

6.2.5　案例：开放式商业模式——抖音电商

开放式商业模式可以用于通过与外部伙伴系统性合作，来创造和捕捉价值，既可以将外部的创意引入公司内部，也可以将企业内部闲置的创意和资产提供给外部伙伴。

开放式商业模式与传统的商业模式的区别，如表 6-1 所示。

表 6-1　开放式与传统式商业模式的比较

封闭的	开放的
让处于本领域的人才为企业工作	需要和企业外部人才一起工作
为了从研发中获益，必须自己来调研、开发和销售	外部的研发可以创造巨大的价值、内部的研发需要成为这种价值中的一部分
如果掌控了行业内绝大多数最好的研究结果，我们就会赢	不必从头开始研究，坐享其成即可
如果创造了行业内绝大多数最好的创意，我们就会赢	如果能最好地利用内部和外部的创意，我们就会赢
需要控制自己的创新过程，避免竞争对手从我们的创意中获益	应该从其他组织使用我们的创新中获益，无论何时只要其他组织的知识产权可以扩大我们的利益时，就应该购买过来

在抖音平台，圈层没有被划分，平台可以依据用户画像和地点实现个性化精准推送，满足了不同层级的用户。因此，抖音可以展现用户会主动关注适合自己的内容。这对于品牌来说，要想将品牌更广泛地传播出去，内容营销很重要。如果品牌短视频内容做好了，依靠抖音平台对用户的深度影响，更具人格化，可以令产品和品牌以更加生动的形式传播出去，从而可以达到很好的营销效果。

首先，抖音电商的核心运营模式是通过直播、短视频等形式，将商品展示给消费者的，让消费者在直播或短视频中下单购买。这种模式下，消费者不仅可以看到商品的实物展示，还可以通过互动交流，了解更多信息，从而增强消费者对商品的信任和购买欲望。

其次，抖音电商的产品种类比较丰富，既有服装、美妆、数码产品等大众消费品，也有种植、农副产品等特色农产品。因此，抖音电商不仅有较大的用户基础，也有较大的市场需求，为商家提供了更多的机会。

再次，抖音电商的优势在于其社交属性。通过直播、短视频等形式，商家可以与消费者建立更为紧密的社交关系，拉近了商家和消费者之间的距离。消费者可以在直播中与商家互动，提出问题、提出建议，在这种互动中，消费者可以感受到商家对消费者的关心和重视，从而形成一种更为稳定的消费关系。

最后，抖音电商的用户黏性也比较强。抖音作为一款短视频社交软件，用户黏性已经得到了验证。因此，在这个平台上开展电商业务，可以让商家更好地利用抖音的用户资源，提高用户的再次购买率，从而提高商家的收益。

总之，抖音电商运营模式是一种开放式商业模式，其核心在于通过直播、短视频等形式，将商品展示给消费者，并与消费者建立社交关系。这种模式下，商家可以提高用户黏性，增强消费者的信任和购买欲望，为商家带来更多的商机。

第 7 章

制订创业计划

7.1 为什么需要创业计划书

创业计划书是企业成功融资的重要工具之一，同时可以帮助管理者有计划地开展商业活动，增加成功的概率。如何打造一份既能吸引人又很实用的创业计划书呢？我们需要通过认识创业计划书的内涵，了解阅读对象的需求，掌握撰写方法与技巧，熟练运用创业计划书模板及有关分析工具、常用附件等，来完成一份完美的创业计划书。

7.1.1 创业计划书的定义

创业计划书是公司或项目单位为达到招商融资或其他发展目标之目的，在前期对项目进行科学调研分析的基础上，从企业内部的人员、制度、管理、财务，以及企业的产品、营销、市场、风险等各个方面，对即将展开的商业项目进行可行性分析，全面展示公司和项目的背景、现状与规划、未来发展前景，进而形成的实现计划的策略文件。

创业计划书是一份全方位的项目计划，既可以成为创业者成功获取融资的"利器"，又可以帮助创业者有计划、有步骤地开展创业活动。其主要功能体现在以下三个方面。

● 沟通功能。对于创业者而言，创业计划书是创业者与投资人之间必要的，也是最佳的沟通工具，你的项目价值、创业前景、实现计划等重要信息，都可以通过创业计划书向融资对象全面展示。

● 管理功能。创业计划书可以引导创业者走过企业发展的各个阶段，尤其是在创业过程中，还可以依据创业计划书来跟踪监督企业的业务流程、分析实际成果与预期目标的差距等，及时调整自己的策略与方法。

● 承诺功能。一方面，创业计划书通常会作为创业者与投资人所签署的合同附件，因此，从法律意义上讲，创业计划书将成为创业者对投资人的承诺书；另一方面，创业计划书也体现了核心领导对团队成员或者上级对下级的承诺，尤其是战略目标的定位、未来发展的规划、行动方案的提出都是一种书面的承诺，从而避免出现朝令夕改的问题。

大部分创业计划书由以下几部分内容构成。

● 封面与内容目录。

● 内容摘要。

● 项目描述（包括公司概况、项目背景或资源情况、产品与服务说明等）。

● 行业及市场分析。

● 竞争性分析。

● 项目执行计划（包括总体战略目标与规划、研发与生产计划、营销计划、经营管理计划等）。

● 财务预测与融资计划（包括历史财务状况、财务预测、投资分析、盈亏平衡点分析、融资计划说明等）。

● 风险与机遇。

● 管理团队概述。

● 附件（有关工作进度说明、团队详细介绍、数据、表格等）。

需要注意的是，以上所列内容为创业计划书必备的一般要素，不能完全作为创业计划书的目录使用。在具体的撰写过程中，创业者应根据自己项目的特色、内容侧重点，以及实际需求灵活安排章节和目录标题，例如产品与服务、营销计划、经营管理计划、财务预测分析等。

小故事：一份好的创业计划书引来 500 万元投资

"我在 2005 年的市长峰会时来到重庆创业。"孙德才说。他的老家在山东，从海口经济学院摄影专业毕业后，也有过不错的工作和收入。"我在新闻上看到重庆要举办市长峰会，当时就觉得重庆的发展前景非常好，肯定有许多创业的机会，于是毫不犹豫地来到这里。"

孙德才来到重庆后，做过推销员，当过电视编导。在上海举办世界博览会（以下简称"世博会"）前，他到上海帮朋友负责一个世博会项目，偶然发现布放在街头的打折机很有商机，于是在 2010 年在重庆做打折机项目。当年年底这种打折机正式在主城商圈内亮相，市民可在自助打折机上打印出自己需要的商家优惠券。"我们在 2011 年最多时拥有 200 多台打折机，经常给消费者带来 20%~40% 的优惠。"

但打折机项目没运作多久就举步维艰,终端机器租金每月达数十万元,再加上员工的开销,从项目面世就没有盈利。这个项目最终失败,孙德才和伙伴们所有的投入血本无归。

对于这次创业失败,孙德才总结了两大原因。一是合作伙伴的信任问题,当时一个团队负责场地开发,另一个团队负责商户拓展,结果双方互相指责;第二个原因是合作伙伴的信心问题,看到不能赚钱,大家逐渐失去了信心,导致内部不断地出现问题。

从打折机项目退出后,孙德才并没有气馁。"我在重新考虑了 20 个创业项目以后,发现 3D 行业充满了不少商机。"孙德才和朋友到电影院看 3D 电影,感觉戴着眼镜看始终不方便"我当时就想,能不能不戴眼镜看裸眼 3D 电影呢?能不能把裸眼 3D 屏幕安装在主城区商圈内做户外节目呢?"

有了这个创业的想法以后,他立即着手技术方面的调研,发现完全可以实现,于是写出了 5 份详细的计划书。"缺资金怎么办呢?"孙德才说,"我当时就想通过引进风险投资来实现再次创业。"

"后来我找到了天使投资。"孙德才与天使投资的董事长见面后,向对方详细介绍了自己的创业计划,"我当时告诉他最终完成投资,需要 300 万元资金,前期需要 100 万元资金。"

这个创业项目引起了天使投资的兴趣。虽然当时项目还停留在创业计划书上,完全没有实际运作,但天使投资方面看中了项目前景,很快便决定注入资金帮助项目启动,第一期 100 万元资金很快到位了。

"天使投资现在已经累计对这个项目投资 500 万元,超过了当初我们想要的投资额。天使投资不但给我带来了资金上的帮助,还给我带来了资源上的帮助,比如介绍成熟的业态帮助我迅速增强实力。现在我对项目前景更加充满了信心。"

7.1.2　创业计划书的作用

创业计划是创业的行动导向和路线图,既为创业行动提供指导和规划,也为创业者与外界沟通提供基本依据。如果有了一份业务发展的指示图，它会时刻提醒创业者应该注意什么问题，规避什么风险，并最大限度地帮助创业者获得来自外界的帮助。其主要作用有以下三点。

1. 帮助创业者自我评价，厘清思路

在创业融资之前，创业计划书首先应该是给创业者自己看的。办企业不是过家家，创业者应该以认真的态度对自己所有的资源、已知的市场情况和初步的竞争策略做尽可能详尽的分析，并提出一个初步的行动计划，通过创业计划书做到心中有数。另外，创业计划书还是创业资金准备和风险分析的必要手段。对初创的风险企业来说，创业计划书的作用尤为重要，一个酝酿中的项目往往很模糊，通过制订创业计划书，把正、反的理由都写下来，然后再逐条推敲，创业者就能对该项目有更加清晰的认识。

2. 帮助创业者凝聚人心，有效管理

一份完美的创业计划书可以增强创业者的自信，使创业者明显感到对企业更容易控制、对经营更有把握。因为创业计划提供了企业全部的现状和未来发展的方向，也为企业提供了良好的效益评价体系和管理监控指标。创业计划书使创业者在创业实践中有章可循。

创业计划书通过描绘新创企业的发展前景和成长潜力，使管理层和员工对企业及个人的未来充满信心，并明确要从事什么项目和活动，从而使大家了解将要充当什么角色、完成什么工作，以及自己是否胜任这些工作。因此，创业计划书对于创业者吸引所需要的人力资源、凝聚人心，具有重要的作用。

3. 帮助创业者对外宣传，获得融资

创业计划书作为一份全方位的项目计划，对即将展开的创业项目进行可行性分析，也在向风险投资商、银行、客户和供应商宣传拟建的企业及其经营方式，包括企业的产品、营销、市场及人员、制度、管理等各个方面。在一定程度上也是拟建企业对外进行宣传和包装的文件。

一份完美的创业计划书不但会增强创业者自己的信心，也会增强风险投资家、合作伙伴、员工、供应商、分销商对创业者的信心。而这些信心，正是企业走向创业成功的基础。

小故事：大公司要有大计划

特斯拉公司最初的创业团队主要来自硅谷，用IT理念来造汽车，而不是以底特律为代表的传统汽车厂商的思路来工作。如果评价2019年谁是汽车行业的赢家，相信非特斯拉莫属。特斯拉（图7-1）已成为全球新能源汽车第一品牌，超越美国传统三大汽车集团，成为全球市值第一大车企，其市值是美国通用和福特两大汽车集团的总和。

图7-1

这是一家有着远大理想的企业，这是一家有着无限创新精神的企业，特斯拉已成为全球新能源汽车的图腾。

2003年，一群工程师创立了特斯拉公司。今天，特斯拉公司不仅制造纯电动汽车，还可以生产能够无限扩容的清洁能源收集及存储产品。特斯拉公司在先进电池技术和电动动力总成处于全球绝对领先地位。

特斯拉公司的愿景——加速世界向可持续能源的转变。特斯拉公司的CEO埃隆·马斯克非常诚实地说："我不是为了颠覆而颠覆，我是为了人类有更美好的生活。"为了打造可持续发展的完整能源系统，除了电动汽车，特斯拉公司还设计了由Powerwall、Powerpack和SolarRoof等组成的独特的能源解决方案，使居民、企业和公共事业单位能够管理环保能源发电、存储和消耗。

在最近的 10 年里，马斯克还成立过两家公司来实现自己的设想：一家是 Neuralink，专门开发脑机接口，以期将人类的大脑与人工智能结合起来；还有一家是隧道挖掘公司 Boring Company，来开展超级高铁项目，以缓解交通拥堵。

当你希望创造比现在更好的未来时，怎样才能制订万无一失的周密计划呢？其实你只需要好好想想以下 3 个问题应该怎样回答即可。

- 我渴望的美好未来究竟是什么样的？
- 为了实现这样的未来，我应该怎样计划？
- 为了达到目标，我又该做些什么？

只要将这 3 个问题回答好，你就给未来勾画出了一幅美好的蓝图，人生是这样的，创业也是这样的。未来发展规划是企业形成核心竞争力的根本，也是企业可持续发展的关键所在。企业发展规划的目的，既是为了拨开前方的重重迷雾，也是为了应对企业各种变化因素的法宝。

7.1.3　与创业计划书相关的重要文件

除了创业计划书本身，还有若干文件需要创业者事先准备好。

1. 战略规划书

企业战略规划是指依据企业外部环境和自身条件的状况及其变化，来制订组织的长期发展目标、规划与具体的实施战略。战略规划是一个动态的过程，在特定的时期，企业往往会根据之前战略规划的实施情况来调整战略，并制订新的战略规划。战略规划书是反映企业战略规划的文件。

清晰的战略规划决定着商业项目的发展方向、市场定位，以及重大经营策略，是商业计划最终获得成功的重要基石（图 7-2）。因此，战略规划书也可以单独列出来，为后期撰写创业计划书提供充分的依据，由于战略规划书的内容与创业计划书的内容有重叠部分，因此，其核心内容通常在创业计划书中突出体现即可。

图 7-2

2. 项目可行性分析报告

项目可行性分析通常是指在投资决策之前，对与拟实施项目相关的自然、社会、经济、技术等条件进行调研、分析和比较，预测项目完成后的社会经济效益，并在此基础上科学性地综合论证项目实施的必要性、财务的盈利性、经济上的合理性、技术上的先进性和适应性，以及实施的可能性和可行性，从而为投资决策提供科学依据。编制项目可行性分析报告是确定启动和实施项目前具有决定性意义的工作。

项目可行性分析也是创业计划书撰写的前提，创业计划书的定义中明确指出，创业计划书是基于项目科学调研分析形成的。因此，项目可行性分析报告是创业计划书衍生的重要内容之一。

3. 年度经营计划

年度经营计划是指企业为达到战略目标、实现企业长远发展而制订的下一年度的一系列目标、计划及行动方案。由于年度经营计划是创业计划书中初期工作计划落地实施的有力保障，因此，它也是创业计划书的重要补充内容之一。

4. 项目管理规划

项目管理规划是对项目管理的各项工作进行的综合性的、完整的、全面的总体计划。

我们可以将创业项目理解为一个整体项目，将创业过程中产生的一些项目理解为独立的子项目。这里主要指后期的一些子项目管理规划，项目管理规划是确保创业计划书中各个子项目得以有效实施的重要方案，也是创业计划书的重要补充内容之一。

7.2　如何撰写创业计划书

创业计划是创业的行动导向和路线图，既为创业者行动提供指导和规划，也为创业者与外界沟通提供基本依据，就像有了一份业务发展的指示图一样，它会时刻提醒创业者应该注意什么问题，规避什么风险，并最大限度地帮助创业者获得来自外界的帮助。计划书按文章分类来说，属于应用文的一种，因此有一定的框架与写作技巧，本节对此进行梳理。

7.2.1　创业计划书的内容与框架

创业计划书的阅读对象是谁？他们关注什么？这恐怕是创业者在撰写创业计划书之前必须了如指掌的。做到有的放矢，必然会事半功倍。由于创业计划书的主要功能是用于融资，因此，本书根据国内外投资机构或者投资人在融资过程中发表的一些观点，并结合创业计划书的内容规范，梳理出 10个关键点，并对每一个关键点以及注意事项进行详细说明。处理好这 10 个关键点，既可以帮助创业者制作一份"高效搞定投资人"的创业计划书，又可以帮助创业者在与投资人沟通的过程中，把握内容重点以及有关沟通技巧。

需要注意的是，这 10 个关键点并非创业计划书的内容模板，也不完全是沟通过程中的陈述逻辑与顺序，只是罗列出了沟通过程中需要把握的核心内容，具体撰写或沟通过程中，使用者应该根据个人的习惯以及项目的实际情况，重新组织撰写或陈述的逻辑。

1. 内容摘要

摘要是对创业计划书的概述，也是对其基本框架（每个部分重要内容）及特点的描述。这是吸引投资人进一步了解项目的唯一机会。内容摘要需要注意以下两个要点。

- 合理控制内容摘要的篇幅。在硅谷，比较标准的创业计划书一般不会超过 20 页，内容摘要不超过 300 字，如果用 PPT 演示，最好不要超过 10 页。
- 内容言简意赅、突出亮点。即用最简洁的语言表达最具价值的精华。内容应着重展现产品或服务（特殊和独有的商业机会）、创造的客户价值、行业与市场分析（包括竞争者分析）、获得成功的关键战略、管理团队的出色技能、融资要求以及投资回报前景。

2. 战略定位与商业模式

一个与众不同的战略定位与商业模式，经常会引起市场的变革并给投资人带来巨大的商业回报，也一定会从众多的创业计划书中脱颖而出，并吸引无数投资人的目光。与此同时，投资人还期望你能够给出一个令人充满期待、看得见、够得着的愿景与近期发展规划。

具体内容包括明确的产品或服务定位、清晰的经营战略，以及可实现的企业发展目标、特色的商业模式等。同时，要说明你选择这个战略定位与商业模式的理由，包括细分市场的选择、时机的选择、关键策略的制订等。

3. 产品或服务的价值

产品或者服务的价值，是一个企业生存的根本。投资人必然会关心你的企业是否具备很强的生命力，即你的产品或服务是否具有创新性，又是否能够为顾客可以带来独特的价值，或者可以解决市场上的什么问题。因此，这一部分不一定要展现你的核心技术或商业机密，不过只需要突出产品或者服务的创意之处即可，尤其是要适当保护自己的专有技术。

4. 营销计划与市场预测

营销计划与市场预测主要指你的顾客定位以及开发客户、维护客户、拓展市场的有效策略，这实际上就是将你的产品或者服务销售出去的过程，是创业项目成功的关键步骤。投资人会关心的问题是，你的顾客在哪里？有多大的量？你能否将产品或服务成功销售出去吗？你能否留住这些客户并不断扩大市场规模？你的市场占有率将会怎样？如何实现你的市场占有率目标？

5. 竞争情况

投资人关注创业计划书中竞争方面的信息，主要目的有两个。一是期望了解你拥有什么样的核心竞争力，你的竞争优势在哪里，以及你将如何弥补自己的短板，如何突破行业壁垒；二是预测目前的竞争对手以及潜在的竞争对手是否会给他的投资带来一些潜在的风险。

6. 创业团队

私募股权投资界有一句十分流行的话："投资只有三个标准：第一是人，第二是人，第三还是人。"投资人会非常关注你的创业团队的技能组合能否支撑你的创业梦想，这将直接关乎创业的成败。技能组合具体包括团队的知识、技能、经验与品质等。当然，在陈述团队优势的同时，不要担心暴露自己团队的一些弱点，可以提出弥补团队劣势且具有说服力的方案。而且，通过坦诚的沟通，你还有可能获得投资人的帮助，例如提供团队能力提升的经验或者直接推荐优秀的合作伙伴给你。当然，这也要视不同的对象采取不同的沟通策略。一定要让投资人对你的创业团队充满信心与信任。

7. 盈亏平衡点与投资回报

获得较好的投资回报，对于任何投资人都应该是一件值得鼓舞与高兴的事。因此，一般而言，投资人会关注盈亏平衡点大致出现在什么位置，什么时候开始有较好的回报，是否还有可持续的、更大回报的潜力。在创业计划书中，这些内容主要在财务计划、融资说明部分得以详细阐述。

8. 投资风险

回报与风险是相伴相随的。对于投资人来说，对项目投资收益与风险概率的分析，是一项重要的投资分析工作。因此，除了了解创业者可能带来的投资风险，投资人还需要综合考虑资源风险、市场不确定性风险、研发风险、生产不确定性风险、成本控制风险、竞争风险、政策风险、财务风险、管理风险、破产风险等，从而明确整体项目投资的风险系数及风险概率，为投资决策提供重要依据。

9. 你的投入

作为创业团队的核心领导者，你的投入热情与创业决心，将在很大程度上影响团队的创业热情、项目发展的稳定性与公司持续成长的动力，也就直接决定着投资人对你的信任以及投资的决心。具体而言，投资人期望了解你为这个创业项目投入了多少时间、多少金钱、多少资源，甚至牺牲了哪些资源与机会，长期专注于一个项目或者一项事业的创业者往往更受投资人的青睐。

10. 易懂的项目

易懂是从整体创业计划书最终展示效果的角度来说的，你给投资人呈现的应该是一个对方容易看懂或听懂，而且乐于接受的项目，而不是一个令人费解的项目。因此，面对投资人，除了必要的沟通能力与逻辑能力（即要求能够清晰、连贯地讲清楚以上各个要点），在沟通过程中还有必要将项目涉及的专业词汇或者专业知识转化为对方能听懂的内容，从而让一些即使对你所处专业领域不熟悉甚至过去不感兴趣的投资人，也对你的项目给予较多的关注。

7.2.2 创业计划书的撰写步骤

一份完整的创业计划书，在撰写时应注意采用如下步骤。

步骤一：确定创业计划书的编撰目的

一般而言，根据创业计划书的功能定位，其编撰目的主要有两种。一种是广泛应用于融资工具，以吸引投资人并成功获取资金资源。在这种情况下，通常是创业者处于资源匮乏的环境，或者需要更多的资金来实现自己的创业计划。如果是为了实现融资的目的，创业计划书就应该侧重于商业环境分析、竞争性分析、营销计划、管理团队介绍，以及财务计划等内容。

另一种是用于公司内部，主要是便于组织内部沟通并认同项目的价值，并明确项目的战略规划与行动方案，便于项目的实施管理。在这种情况下，通常是企业本身的资源还比较丰富，重点在于如何高效地完成这个项目。因此，该类创业计划书对于管理团队、经营管理计划方面的内容（通常情况下，公司内部已经很熟悉）无须过多描述，而应该强调项目的重要性、项目的实施进度等偏实务方面的内容。

步骤二：确定创业计划书的阅读对象

不同的阅读对象所关注的创业计划书内容侧重点会有较大的差别，这当然与你编撰创业计划书的目的，即你的个人需求存在密切的关系。如果你对个人的需求非常明确，对阅读对象了如指掌，一定能够将重点信息提供给目标阅读对象。因此，明确你个人的需求、了解阅读对象的需求，是成功撰写创业计划书的必要准备，也是你成功实现个人目的的前提。

（1）明确自己的需求

● 获取资金支持，还是与其他投资人、商业伙伴建立战略联盟关系？

● 借款、贷款，还是与投资人分享所有权和利润？

● 获得投资人的青睐，还是获取公司高层的更多支持？

（2）了解你的阅读对象以及他们的需求

如果你的创业计划书是为了获取资金等资源支持，那么阅读对象就是投资人或者贷款方。投资人最关注的是盈亏平衡点、投资回报、项目的长期发展潜力，以及管理团队的能力，贷款方则更多地关注项目的风险。

如果你的创业计划书仅用于企业内部的沟通交流，或者是内部创业的创业计划书，那么阅读对象就应该主要是负责投资决策的董事会或者利益相关者。他们最关注的是项目的可行性分析、投资回报，以及具体的行动方案。

步骤三：收集你所需要的信息资料

充足的信息资料将有助于你完成一份分析透彻、论据充分、内容丰富的创业计划书。因为创业计划书涵盖面很广，你可能需要就各个构成要素准备所需信息资料。而且，你的商业环境分析、竞争性分析、目标市场定位，以及项目的可行性等关键内容都需要充分的数据、信息来支撑。因此，信息资料的收集与准备也是创业计划书撰写过程中的关键环节。具体的实施步骤及相关要点如下。

（1）设计创业计划书的主要结构

依据一般创业计划书的主要构成要素，针对你的创业项目的性质与特点，用全局的眼光来设计创业计划书的主要结构。这个主要结构便是你的创业计划书所需信息资料的总体指导性纲领，例如商业环境、市场、竞争者等主要构成要素。

（2）确定你所需的重要信息资料及详细分类

由于创业计划书的主要结构会涵盖一般创业计划书的各个要素，因此，在确保各部分内容有充足的信息资料支撑的前提下，应该依据你的创业项目的关键成功要素，锁定所需的重要信息资料，例如，能突出宏观经济政策优势、商机优势、竞争优势、管理团队优势的信息等。同时，要求就每一项重点内容明确细分的信息资料类别，并列出准备收集的信息资料清单，不可盲目地去收集繁杂的信息资料。例如，针对竞争者分析，应该按照竞争对手分析的理论框架或者关键要素，明确更加细分的数据、资料与信息类别。

（3）找出已有的关键信息与缺乏的信息资料

这个步骤也非常重要。大多数创业者平时都有收集一些商业信息的习惯，身边的朋友或者合作伙伴也会向他们提供一些商业数据与信息。这些数据信息中，可能有一些正是本次创业计划书中所要收集的信息资料，这样就避免了重复劳动，不会造成时间浪费和资源浪费。

与此同时，对照你的信息资料清单，明确你缺乏的信息资料，因为这些信息资料需要你花费大量精力与时间去寻找与收集，甚至需要借助他人的帮助来完成。

（4）开始收集信息资料

信息资料的收集是一个比较复杂的工程，通常需要你的创业团队来共同完成。当然，你也可以聘请一些兼职的学生甚至一些专业人士来帮助你，例如，开展系列市场调研活动、获取竞争对手的信息、监测有关商业数据等。以下是常见的信息渠道来源。

● 通过公开媒介查询，例如，各类出版物、与创业项目相关的各类网站、信息开放平台等。
● 通过与顾客、供应商访谈取得一手资料。
● 通过问卷调查获取有关数据与信息。

- 通过现场考察、评估，获取直接的数据与信息。
- 通过专业公司或者专业人士的参与分析，获取有关数据和信息，例如，情报公司、专业咨询公司等。

（5）对信息资料进行重新编码

在原有信息资料清单的基础上，将收集完善的信息资料进行重新分类编码，便于在后期撰写创业计划书的过程中查询、使用。

步骤四：设计创业计划书框架

这里所称的"创业计划书框架"，并非通用的创业计划书内容结构框架，而是一个充分体现你的创业项目特色、各部分子标题更加细分明确的创业计划书框架。具体设计原则如下。

（1）五个依据

一是依据你的撰写目的；二是依据你的阅读对象；三是依据一般创业计划书的主要构成要素；四是依据你的创业项目的性质与特征；五是依据你所收集的信息资料。

（2）两个便于

一是便于撰写者后期的撰写，这就要求各部分的子标题越详细越好，当然，整体逻辑应当非常清晰，让人读起来很连贯；二是便于阅读对象找到自己关注的重点内容（一般通过子标题来体现）。

（3）一大特色

充分体现创业项目的特色，在设计的总体框架中，一是整体的思路与逻辑要体现出创业项目的优势；二是一些子标题要体现出创业项目的亮点。

步骤五：开始撰写创业计划书

这是完成创业计划书的关键步骤，由于本章其他部分已经对该部分内容进行了详细的阐述及明确的示范，这里不再赘述。但是，在这里我们仍然要强调一下有关撰写的基本要求。

- 把握创业计划书的各个要素且内容要完整。

● 创业项目的特色得以充分体现。

● 整体逻辑清晰，行文流畅。

● 分析透彻，论据充分、客观。

● 针对性强，根据不同的阅读对象能够突出自己要表达的重点信息，而一些相对不重要的内容，不必用过多的笔墨。

● 令人信服。无论是你的论证，还是你的团队能力与具体行动方案，都要让人觉得可以信任。

7.2.3 创业计划书的写作要点

在创业计划书的写作过程中，要关注可支持性、可操作性、可盈利性和可持续性这四个方面。创业计划书的摘要要写出特色，要在竞争环境下展示产品或技术的特点，展现出项目的独特优势，要从潜在投资者的角度构思创业计划，即进行换位思考。

具体内容如表 7-1 所示。

表 7-1　创业计划书的内容结构要点与撰写技巧

项目	二级目录	内容要点	撰写技巧
封面		项目名称、公司名称、联系方式、版权声明，或者保密须知	1. 页面整洁规范 2. 封面最好选用较硬，质量较好的纸张或者塑料材质，但是颜色不一定艳丽 3. 突出公司或者项目的名称 4. 写上你的姓名和联系方式 5. 加上公司的 Logo 6. 列出版权保护声明，或者保密须知（尤其是一些专利发明项目需要具备）

项目	二级目录	内容要点	撰写技巧
目录		突出创业计划书内容的各项核心要素，例如内容摘要、项目描述、行业及市场分析、营销计划、财务分析等	1. 便携性。方便读者迅速了解后面的主题内容，还可以提示读者根据目录找到相关章节的内容 2. 完整性。即包含所有重要内容的标题 3. 逻辑性。注意前后章节内容，以及各级目录直接的逻辑性。思路清晰而且结构严谨，切忌随意罗列内容项目 4. 突出亮点。即突出特色内容的一些标题，以吸引读者 5. 标注页码。即每个子标题都应该有相应的页码，便于查询
摘要		行业与市场分析结论、产品或服务及其客户价值（特殊或独有商业机会，获取成功的关键、管理团队、融资要求，以及投资回报前景）	1. 切忌太长，不宜超过两页 2. 切忌追求多而全，应该突出亮点，不能简单地将其理解为浓缩的章节摘要，而应该既能让读者对整体内容有一个大概的了解，又有吸引读者的亮点，从而有效激发读者继续阅读你的创业计划书的兴趣。例如，突出你的创新能力，你的产品和服务为客户所创造的新价值，项目的盈利能力等

项目	二级目录	内容要点	撰写技巧
公司概况与项目描述	2.1 公司概况	公司基本信息，价值观与战略规划，组织结构历史经营状况，各项资源情况	1. 简明扼要，重点是体现与项目紧密相关的信息，尽量控制在两页之内 2. 一些重要但无法简单陈述清楚的内容，可以采用附件形式予以补充 3. 注意与后面内容的衔接，例如团队成员技术创新能力等方面的内容介绍，在本部分可简明描述，到后面章节中再突出描述即可 4. 关于公司发展历程，需要列出关键发展期，及公司是如何实现转折跨越式发展的，其目的是让投资人了解公司的韧性以及成长力 5. 关于历史经营业绩，主要描述公司过去的经营业绩状况，所建立的营销基础、相关历史财务数据、营销渠道数据可以以附件的形式体现 6. 关于公司的战略规划，要求尽可能列出公司未来可完成的目标（关键阶段）的信息，让投资人能够清楚看到你是如何完成计划书所规划的关键指标的
公司概况与项目描述	2.2 项目背景	项目基本性质，项目的历史及现状产品或服务及其所创造的价值，市场前景、发展目标	1. 让读者快速了解项目的性质及其背景情况、项目的商业模式及其商业理念、创业者对项目的热情，以及创业者获取成功的承诺与能力。让投资人树立起对你的信心 2. 注意与摘要部分内容的衔接，以及协调安排，避免过多的重复 3. 发展目标描述简明扼要，不要与战略规划内容重复

项目	二级目录	内容要点	撰写技巧
公司概况与项目描述	2.3产品和服务	产品和服务的基本信息、特征、优势及其独特的客户价值，以及影响产品和服务的,关键成功要素（获取成功的承诺与能力）	1. 应该对商业计划项目中产品和服务的内容及其创造的客户价值进行详细的阐述（一些技术含量较高，或者需要特别说明的产品和服务，可根据需要设立独立的章节进行描述） 2. 多使用图表表示。例如产品和服务介绍中展示主要产品的分类名称、规格、型号、产量、价格等信息 3. 部分重要内容。尤其是体现产品和服务的关键成功要素，可以以附件形式体现。例如产品和服务特色有关的质量管理体系、售后服务体系、成本控制体系等
行业及市场分析	3.1行业分析	行业发展历史现状与趋势，行业准入与政策环境分析，对产品利润率影响较大的行业发展因素分析	1. 撰写前要做好充分的准备。具体包括三个方面：一是明确行业及市场分析的内容要点；二是掌握必备的行业及市场分析工具；三是收集充分的数据与信息，甚至开展深入的市场调研活动，并撰写相关的分析报告 2. 明确你的主要目的并紧紧围绕此点和主线来撰写相关的内容 3. 多用数字图标表示，例如行业发展相关数据细分市场、潜在客户数量等
	3.2市场分析	目标市场定位说明(细分市场定位，细分市场现状及需求预测选择该市场的理由)	
	3.3竞争分析	行业垄断态势分析，主要竞争对手对比分析，竞争策略	
	3.4 SWOT分析	分析项目优势、劣势、机会，并给出结论	

项目	二级目录	内容要点	撰写技巧
项目执行计划	4.1 总体战略目标与规划	公司愿景与使命，近期总体战略目标与规划	1. 列出远期及近期明确的发展方向及目标。通常是指公司的愿景与使命；近期目标通常是指3~5年的财务目标和业绩目标，关键指标包括销售额、利润增长率、产品创意、市场占有率、行业地位、品牌影响力、上市计划等 2. 注意内容的逻辑性。切忌随意罗列各类职能性的战略目标，例如首先提出公司的愿景与使命，然后提出明确的阶段性目标（业绩目标），再阐述支撑愿景与使命、业绩目标的关键职能战略目标，例如研发、生产、财务、营销、品牌人才、企业文化社会责任等方面的战略目标 3. 在战略规划描述中，突出项目成功要素，例如研发方面的技术创新、生产能力的保障、产品质量的保障、市场占有率的发展、营销渠道的开拓等 4. 值得特别说明的是详细的财务计划、研发与生产进化营销计划、经营管理计划，包括盈亏平衡点控制、组织结构管理、人才规划、知识产权管理、企业文化管理、生产质量管理、成本控制管理等，通常以独立篇章的形式出现在创业计划书中
	4.2 研发及生产计划	目前的研发能力和技术资源优势，以及未来研发计划与管理，目前的生产条件和生产能力优势，以及未来生产制造计划与管理	1. 文中位置安排及内容篇幅控制的原则是不是项目成功的关键因素 2. 重点阐述研发实力，以及拥有的生产条件及生产制造能力 3. 若研发成果较多，可以用表格形式，将其与项目相关的突出成果进行陈列 4. 注意与知识产权专利发明部分相关内容的协调，避免过多的重复

项目	二级目录	内容要点	撰写技巧
项目执行计划	4.3 营销计划	营销目标、营销策略（产品、价格、渠道、促销策略）、客户服务营销管理、公共关系等内容	1. 在赚钱之前开展营销调研分析工作，例如市场分析与预测、消费者分析、竞争者分析、产品分析、价格分析、渠道分析、促销分析等 2. 根据目前所掌握的最精准、最客观、最新的信息资料来制定营销计划
	4.4 经营管理计划	组织结构及公司治理、管理团队介绍、人力资源、企业文化管理、知识产权管理、研发与生产管理	1. 正确理解经营管理计划的内涵及项目运营的日常工作，以及指导这些工作的战略 2. 描述那些支撑项目获取成功的关键因素及影响，为利益相关方创造经济价值回报的重要因素 3. 注意与公司概况部分的经营管理区分开来 4. 注意与其他相关章节内容的协调，切忌过多的重复
财务预测与融资计划	5.1 历史财务状况	公司过去的财务状况，并突出经营成果	1. 列出你的所有数据，并注明数据的来源 2. 特别注意有关现金的计划方案。尽管大多数读者首先考虑的问题一般都是利润、如何投资、回报如何，但是对于一个创业公司而言，现金流往往显得更为重要 3. 亲自完成与财务相关的数字工作，对财务数据做到心中有数 4. 切忌选择过度负债经营的方式，即债务负担不宜过重，因为一旦负债累累、经营不善，将会给公司造成毁灭性的打击 5. 做出详细的结论性财务分析说明。包括假设的条件损益预估、现金流预估、资产负债预测、盈亏平衡分析、资产价值分析、规划融资需求、投资回报等
	5.2 财务预测	假设说明、财务预测与分析、利润表、资产负债表、现金流量表，分析财务报表综合分析及结论	
	5.3 投资分析	投资效益评价。投资净现值、内含报酬率、获利指数分析评价	
	5.4 盈亏平衡点分析	项目在什么时候，并且在什么销售情况下才能达到盈亏平衡点	

项目	二级目录	内容要点	撰写技巧
财务预测与融资计划	5.5 融资计划	融资需求、资本结构、投资回报与偿还条件、投资人监督与管理权限、投资人退出说明	1. 明确你的读者对象所关注的、关键的资金需求与使用计划融资前后资本结构情况，投资回报与投资退出说明、投资人管理参与权限等 2. 在融资需求中明确你的需求数量需求、实现贷款方式，以及资金用途，在资金使用计划说明中最好明确近一年的使用规划 3. 在资本结构设计方面把握好股份稀释的比例最好不要超过 30%，追求公司与投资人的双赢 4. 在投资回报说明中明确投资回报的方式，投资回报周期，让投资人清楚自己投入的价值，何时回报 5. 投资退出说明中明确投资退出的方式与时机，并就相关利益做出说明
风险与机遇	6.1 风险分析	资源风险、市场不确定风险、研发风险生产不确定风险、成本控制风险、盈利风险、政策风险	1. 如实描述项目可能存在的风险，以及风险控制策略，让投资人对项目发展树立信心 2. 项目的风险描述最好选择可控的风险内容，除非是众所周知无法控制的风险 3. 风险通常是与机遇并存的，因此在描述风险的同时，也有必要描述项目将迎来的良好发展机遇
	6.2 机遇分析	项目面临的行业及市场发展机遇与良好前景，项目为投资人带来的财务收益及其他回报	
	6.3 风险与机遇分析	项目面临的机遇，以及为投资人带来的收益与回报	

项目	二级目录	内容要点	撰写技巧
管理团队概述		突出团队核心成员的个人特长，相互弥补的整体优势，以及已经取得的合作成就	关于个人介绍，应该突出个人成员的工作经历、知识与技能、历程成就、业界影响力、创业态度及动机

7.2.4 学会讲故事

目前人们对讲故事的兴趣急剧增加。在文学领域关注讲故事是理所当然的事情，但是在商业领域对讲故事的关注也大幅增加，这是为什么呢？

1. 为什么要会讲故事

随着互联网的普及，人们注意力集中的时间越来越短，记忆力越来越差，分析力越来越弱。在这个信息发散、时间碎片化的时代，这些因素导致人们传统的沟通技巧、沟通方式都不好用了，甚至以前借助 PPT 开展的演讲也被如今的微信群分享等线上手段所取代。

举一个小例子：去大学报到的第一天晚上，一群哥们围在一起聊天，互相了解。有位仁兄显得少年老成，讲起话来也头头是道，说以前中学怎么成为风云人物，去过哪些地方，参加过各种看似上档次的比赛……无论他说得是否属实，肯定有人崇拜地看着他，觉得他阅历丰富。在随后的大学生活中，也会收获更多的人缘与好感。

这种例子在大学生活中很常见，它告诉我们做人要有故事，这样才有"高谈阔论"的资本。既然可以被称为"故事"，当然跟一般的经历有所区别。故事是有媒体属性的，可以拿出去说；而吃饭打水这种人人都有的经历，是没有传播价值的。

一个有故事的人似乎会更有吸引力，起码别人都有兴趣去了解他背后的故事是什么。同样，一个有故事的企业，也会被某种吸引力笼罩，做起生意来更加得心应手；相反，一个没有故事的企业，则可能碌碌无为、惨淡经营。

就像一个没有故事的人生活没有高低起伏一样。创业者如果不会讲故事，根本无法说服任何人，无法创业，更无法管好公司。

而这种讲故事的方式，正是今天在创业圈中盛行的"内容营销"。其本质是把自己的故事用别人喜闻乐见且容易接受的方式表达出来。通过讲各种各样的故事，将自己的品牌理念、企业文化、产品信息、服务水平、员工素质等信息无形地传输出去。

2. 讲故事的技巧

一个好的故事能解决"信任"的问题，让用户相信你不会骗他，这是新秀产品最需要解决的，同时故事也向用户传达了你的创业理念。

好的故事不需要你挖空心思去发明、创新，故事需要能够回答为什么做（Why）、怎么做（How）、做出了什么（What）这三个问题。这就是万能的 2W1H 法。

（1）Why——你为什么要做这个产品？你的初衷是什么？

很多创业者做的产品在市场上都是罕见的，或者市场上没有针对某个用户群体的产品出现，此时，你创造的产品就刚好能够解决该用户群的需求。

所以，这样的产品就可以站在目标用户的角度来放大痛点，让用户认为你的产品就是来帮助他解决痛点的。

拿小米公司举例，最初小米公司的目标用户群是发烧友，而当时没有一款智能手机能满足发烧友"玩机"的要求。小米公司就可以讲："我们研发团队的成员也是发烧友，他们也有"玩机"的需求（用户角度），在用其他手机"玩机"时会遇到困难、不爽（放大痛点），最终他们走到一起，开发小米手机（解决痛点）。"

还有一类创业的产品同质化很严重，并且行业可能已经有巨头，这种情况就可以从热爱的角度切入。自己曾经热爱某个领域，并且从小就有这方面的天赋，现在开始一心一意地专注这项事业。这种故事最能引发受众的共鸣。试想谁当年没有梦想，最终却因为种种原因没有实现，故事中的主人公却实现了，受众自然而然地就完成了角色代入。

（2）How——为什么要相信你能做好产品？你是怎么做的？

只能经过了努力得到的东西才是好东西。反之，没注入心血，很轻松就得到了，人就不会珍惜，这就是人性。

所以，怎么做的过程一定是艰辛的，需要经历九九八十一难。什么样的故事能打动他们？穷人逆袭、富二代吃苦、融资失败、用户增长缓慢、人员流失、服务器宕机、合作伙伴毁约等，此时故事达到一个低谷。但创业者仍不忘初心，坚持高品质的标准，最后通过奋斗，克服这些困难逆袭成功，完成华丽的转身。

（3）What——你创业的发展目标是什么？

作为创业者，你必须制订切实可行的发展目标。像"3年占领国内市场，5年上市"这种纯商业性的空话可能会起到适得其反的效果。创业者的目标应该是站在用户的角度，例如，能够帮助用户解决什么问题，像"未来几年要帮助更多人实现……"这类话语便能很好地引起用户的好感。

除了上述三点，讲故事时还要注意以下几点。

● 故事必须"实在"，它并不一定就是真人真事，但要能够自圆其说，不被用户抓住漏洞。

● 故事不能平铺直叙，要像电影一样有低潮也有高潮，这样才能突出主题，才能够打动用户。一个好的故事，能够带领听众进入那个场景，让他们想象自己就是故事的主人公，真切地感受主人公所经历的困难，听众自然而然就会产生共鸣。

● 要贴近大众的生活，不能有太多的行业术语、缩写。用专业术语是能让人感到上档次，但这些词对普通用户来说生涩难懂，与用户生活就离得远了，用户没法角色代入，这样就共鸣不起来了。乔布斯最令人佩服的特质就是他对简洁的执着追求。他的观念是，不要期望你的客户来适应你的产品，而正相反，你的产品必须要去主动适应客户。

● 一定要个性化，不是所有的故事都适合你的产品。有太多的故事被讲烂了，用户早已开启"防御"模式，不买你的账。所以，无论是匠心、情怀都要重新包装一个新的故事，适合自己的故事。

7.2.5 案例：瑞幸——让喝咖啡成为习惯

瑞幸咖啡，这个品牌相信很多人都见过（图 7-3）。无论是在朋友圈广告、公众号推文，又或者是随处可见的线下门店，我们都能看到这个品牌的身影。这个刚刚成立不久的新咖啡品牌，因为其惊人的扩张速度，以及铺天盖地的宣传，更是扬言要在国内超过星巴克而被大家所关注。

图 7-3

瑞幸咖啡（luckin coffee），是由神州优车集团原 CEO 钱治亚创建的国内新兴咖啡品牌，2018 年 6 月 18 日，总部正式落户福建厦门。

2018 年 12 月 12 日，瑞幸咖啡宣布完成 2 亿美元 B 轮融资，投后估值22 亿美元。

2019 年 5 月 17 日，瑞幸咖啡在美国纳斯达克股票交易所上市交易，公司市值约 42 亿美元。

2019 年 7 月 8 日，瑞幸咖啡在全国 40 个城市近 3000 家门店，推出10 余款小鹿茶产品，进军新茶饮市场。

瑞幸咖啡主要经营饮品及轻食，其中饮品类分为大师咖啡、零度拿铁、瑞纳冰和经典饮品；轻食类分为新鲜沙拉、健康轻食。瑞幸咖啡致力成为中国领先的高品质咖啡品牌和专业化的咖啡服务提供商，是中国新零售咖啡的典型代表。以优选的产品原料、精湛的咖啡工艺、创新的商业模式、领先的移动互联网技术，努力为广大消费者带来更高品质的咖啡消费新体验，推动咖啡文化在中国的普及和发展。

瑞幸咖啡的创始人钱治亚表示，她认为传统咖啡业有两大痛点，价格高且不方便，这两点导致了咖啡业面对一个庞大且有潜力的市场，还没有完全爆发出自己的能量。瑞幸咖啡所要做的就是"质量好＋价格合理＋购买方便"的咖啡。

外界对于瑞幸咖啡印象深刻的地方在于，其通过社交网络营销和门店自提＋外卖送货手段，迅速获取了大量初期用户。但是钱治亚表示，瑞幸咖啡是用"新零售"的思维，借助移动互联网的手段改造咖啡业，纯外卖不等于是新零售。新零售模式是自提＋外卖，线上＋线下的最佳融合，从而达到产品优质、价格便宜的最优组合。

瑞幸咖啡致力推动精品咖啡商业化，倡导更方便快捷的"咖啡新零售"体验，多种咖啡形态店将遍布各大城市的商圈，用户可以通过移动客户端自由购买，在店消费，自提配送，彻底改变咖啡传统业态模式，解决消费痛点。

瑞幸咖啡提出"专业咖啡新鲜式"口号，其愿景为：从咖啡开始，让瑞幸成为人们日常生活的一部分。

7.3　商业路演

其实，市场上从来不缺少投资者，缺少的往往是好项目。有时，遇到一个好项目，投资者之间的竞争也是非常激烈的，有时他们会为了一个好项目，不惜投入巨资。所以，为了让投资者了解你的项目，在撰写一份优秀的创业计划书之后，还需要用一些行之有效的商业路演方式进行推广。

7.3.1　什么是商业路演

商业路演是指一些公司在公共场所进行演说、演示产品、推介理念，以及向他人推广自己公司的服务、团体、产品、想法创意的一种方式。通俗地说，就是把企业现在的发展情况和未来前景发展等情况，生动、简明扼要地展现给投资人，从而达到让他们信服、合作的目的。

在路演过程中，不仅要把自家企业的产品、服务或创意、想法等有价值的内容展示给他人，更重要的是要努力做好品牌营销，让投资人和评委认可你和你所在的公司或团队。商业路演活动的目的如下。

第一个目的是企业融资，路演是为了结识更多优秀的投资人，每个投资人的背后都是一个投资圈。对于很多中小微初创企业来说，在发展壮大的过程中遇到的最普遍的问题就是融资渠道的缺乏，路演活动是帮助他们连接资本市场的桥梁。一场行之有效的路演活动不仅可以帮助企业获得曝光机会，还可以帮助企业获得发展资金。

第二目的是更了解自己的项目，通过第三方的问答、讨论可以更清晰更客观认识自己的项目的优劣势，也更有利于制订更合理的发展战略，许多投资人看项目也要在公开场合看项目方的整体表现，从而做出更客观的判断。

第三个目的是项目的 PR 宣传，增加品牌知名度，或许能更快找到更合适的合作伙伴，还可以宣传投资者和股票发行人，保证股票的顺利发行。

7.3.2 规划商业路演

随着现代市场经济的发展，路演这项业务发展到了常态化、专业化的水平，越来越受到市场的重视。可以说，如果一家公司有融资或宣传需求，性价比最高、最直接有效的方法应该就是路演活动了。

1. 对象

（1）讲给投资人

常言说得好，公司 CEO 开门三件事"找人，找钱，找方向"，找钱的过程就是"路演"的过程。作为一个创业者，当你面对资金的难题时，最有效的方法就是路演融资。商业路演需要商业逻辑、策略、规则方面的设计。在环环相扣的陈述方式、展示方式、现场发挥等方面都有讲究，不能懈怠。进行路演的企业在各行各业都已经出现，投资人判断企业的价值，关注的更是投资的效益回报和风险。

在通过商业路演进行融资时，我们要靠什么吸引投资方的目光呢？当然要靠产品的市场前景。只有看得到市场前景，才能引起投资方的兴趣。同时，我们也要让对方看到我们身上的诚信，因为谁都愿意和讲诚信的人合作。

（2）讲给消费者

随着市场经济的不断发展，整合营销的地位日益突出，传统的推广宣传模式已满足不了企业竞争的需要，路演作为一种新的推广宣传模式，在现代营销中已受到越来越多企业的青睐。

在城市的广场上、商场前、街道上，甚至大学校园里，经常可以看到一些企业为推广其产品和形象进行各种丰富多彩的活动，场面之热闹，装点之华丽，无不吸引路人驻足观望、热情参与。

企业在推出新的产品尤其是复杂的产品时，通过路演的方式，由专家向受众详细讲解产品的内容和特性，以一对一的解说效果把复杂的产品推介给消费者，既推广了产品又宣传了公司，所以公司会乐此不疲。

2. 展示形式

路演有很多种形式，日常生活中比较有名的就是商业的路演和校园活动中的路演。经过多年的发展和完善，现在路演不仅有线下路演，还有线上路演。目前，在线路演已成为路演主流的方式之一，它是现代信息技术与现实路演活动相结合的产物，可以进一步扩大宣传企业的范围，吸引更多的投资者。

路演应有一个主题。正像产品需要名称，人需要姓名一样，路演作为一种产品推广活动，应该具有一个鲜明的主题。主题也是路演的宣传口号，对活动的开展和宣传具有重要意义。路演的主题应简洁、健康、紧靠推广内容、符合企业形象、具有意境，对受众具有视觉冲击力和联想触动力；路演主题应能体现企业为消费者带来的切实利益，增加产品的吸引力和传播效果，如联想公司的"领先科技推进简约商务"、康泰人寿的"爱家行动"、中美史克公司的"史克送健康，人人尽分享"、中国电信的"将梦想接入现实"，这些都体现出了路演的主题特征。

路演的形式应多样化，以增加对现场受众的吸引力。为了让路演成功，达到促销、宣传的目的，路演应在促销对象密集的地点（如IT产品在电脑城），使用彩旗、气球、音响，以及时尚的促销小姐，将活动现场布置得热闹非凡、充满活力，同时应主动用散发宣传资料、派送小礼品等方式来加强路演的效果。

路演过程中贯穿的一系列趣味抽奖、有奖问答、产品（业务）现场演示及歌舞表演等内容，应尽可能使受众自始至终被牢牢吸引在路演现场周围，活动中反复出现的企业产品信息就会进入受众心智并逐渐巩固，消费者对产品的关注热情就会提高，进而积极咨询产品的相关信息，甚至表现出极大的购买欲望。所以，路演形式是路演成功的关键因素。

7.3.3　准备商业路演的材料

在开展商业路演活动之前，需要准备以下材料。

● 路演演讲稿／路演PPT——商业路演最重要的内容，作为辅导工具，让演讲人向演讲对象展示企业的项目、产品和创意，起到提纲挈领的作用。

● 销售资质证明材料或销售授权证明材料——具有重要价值。

● 企业宣传片或产品介绍片——介绍企业的特色项目及优势。

● 企业产品的技术专利、权威机构的相关证明材料，以及企业获得的荣誉、奖项。

● 项目问答数据库——本质上就是预想投资人可能提出的问题，提前准备，做出答案。通常预判投资人可能问到的问题，对创业者会有一定难度，但也不是无章可循的。投资人的问题无外乎就是围绕我们的商业计划书展开的。

1. 演讲稿的制作要点

基于商业路演的特殊性，每个公司所展示的时间只有五六分钟。因此，PPT不仅要"高大上"，还要简练、完整。除此之外，还要把核心内容放在PPT的最前面，即我们经常说的"C位"。之后，把公司的商业模式、核心优势和市场规模、人员团队，以及发展规划等内容简明扼要地描述出来即可。

（1）厘清思路，制作大纲

演讲稿最重要的是思维逻辑，所以在制作之前，一定要把逻辑和脉络整理清楚，而且需要做到以下三点。

● 确定表达对象。

● 确定时间。

● 确定思路流程。

（2）确认讲述顺序与填充内容

确认主题和内容之后，接下来就是框架和内容了。路演的核心目标是"讲清楚"和"说服力"，形式可以多样化，不必局限。具体的框架和内容如下。

● 项目名称。
● 行业背景和市场现状。
● 讲清楚要做什么。
● 如何做。
● 项目团队。
● 财务预测与融资计划。

（3）PPT排版和设计

● 模板选择：要注意场合，色彩不要过多，最好是简洁大方的。
● 逻辑结构：要包括封面（主题、时间、演讲人等）、目录、正文内容以及结束页。
● 正文内容：尽量不要直接放大段的文字，要标记出重点，使用图片要尽量铺满。
● 字号字体：文字内容要确保清晰易看，字号不可过小，字体应选常用字体。

2. 注意事项

商业路演虽然听起来简单，但还是需要下一些功夫的，否则就无法吸引投资者的关注。所以，路演需要扎实的基本功，即把握住投资者的时间、投资者的立场、投资者的兴奋点。

● 投资者的时间：优秀的投资者一年要看上千份商业计划书，为了让投资者能从中挑选出你的商业计划书，你需要将自己的特色或核心点尽早亮出来，即"直奔主题，不玩套路"。
● 投资者的立场：有些投资者可能对一些新型项目不太了解，这在一定程度上限制了他们对一些专业术语的理解。所以，创业者在介绍自己的项目时，尽量少用一些英文、专业术语等。当然，如果台下全是海归型投资者，你就要随机应变了。

- 投资者的兴奋点：如果你介绍项目的亮点超过 5 个，那么这个项目对投资者来说，是值得怀疑的。优质项目的亮点很少能超出 3 个，所以，你要对自己的项目做好全面的把握，在介绍项目时要有侧重点。

除了以上 3 点，你还需要做一些关于该项目的深层次介绍。

- 行业现状：投资者不是万能的，他们可能对一些行业不了解、不认可，这也是可以理解的。所以，在介绍某些领域的项目时，创业者需要将该行业的现状告诉投资者，给予其权衡利弊的机会。
- 项目雏形：大家相信的不是空话，不是抱负，而是实实在在的数据。如果你的项目已经有了雏形，那么投资者是很容易做出投资决定的。
- 盈利模式：一般情况下，对投资者来说，越早盈利越好，因为这会为其带去希望，减少心理上的风险压力。
- 未来预期：对于未来预期，人们经常会打个折扣，更理智的人通常给自己打的折扣是 2.5 折，毕竟理想与现实经常是有差距的。

有了上面的"基础项"与"规避项"的支撑，接下来我们就需要考虑商业路演的"加分项"了。

- 有故事：这些更容易让投资者了解你那个陌生的团队和项目。当然，故事一定要围绕着产品讲，否则就跑题了。
- 有优势——介绍你产品的独一无二之处，以及为什么它能够解决你所提到的问题。而且，这一部分内容最好是简约而不简单的，要做到让投资者听过之后，可以轻松地向另一个人介绍你到底在做什么。
- 有数据：投资者在投资前关注的核心是数据。创业初期，可能没有太多成果性的收获，不过你可以去讲，你做了什么、做了多少、怎么做的，越具体越好，而且尽量用数据去表达。
- 有竞争对手分析：当一个市场处于红海时，投资者不太容易感兴趣，因为这时的投资风险最高。创业者在做竞争对手分析时，既要强调差异化，也不要无视竞争对手，更不要贬低对手，做到客观分析即可。
- 有退出机制：不少投资者都有过"被套"的感觉，因为资金投放之后，有些创业者在商业计划书中没有明确的退出机制，使投资者难以在想退出的时候退出，这会让投资者有很大的顾虑。如果你在商业计划书中提前制订好退出机制，投资者会感觉更踏实。

第 8 章

新企业的开办

8.1　选择合适的企业组织形式

如果创业者已经为创业做好了充分准备，包括个人对创业的正确认知、个人的心态调整、创业相关知识与能力的掌握、机会的识别与选择、团队的组建、商业计划书的撰写、资金的储备，万事俱备，只欠东风了。这时，创业者就可以考虑迈出"改变世界"的第一步，即正式启动你的公司，下面要做的包括公司法律组织形式的选择、公司地址的选择以及公司注册登记等重要事项。

8.1.1　选择合适的创业组织形式

关于如何正确选择适合自己的创业组织形式，美国知名创业管理研究专家罗伯特·巴隆和斯科特·谢恩认为，只需考虑下列问题即可。

（1）创业者（投资人）有多少人？

（2）承担有限责任对创业者是否重要？例如，如果创业者有许多个人财产，这对创业者可能比较重要；而如果创业者没有什么个人财产，承担有限责任对创业者可能就不太重要了。

（3）所有权的可转让性是否重要？

（4）创业者想过自己的新企业可能会支付股利吗？如果想过，这些股利承受双重征税对创业者有多重要？

（5）如果创业者决定离开企业，会担心自己不在的时候企业能否持续经营下去吗？

（6）保持企业较低的创办成本对创业者有多重要？

（7）将来筹集企业所需追加资金的能力有多重要？

结合中国的主要法律组织形式的现状以及优劣势进行比较分析，我们认为，创业者应该从以下几方面进行梳理，从而确认适合自己的创业组织形式。需要注意的是，进行梳理的前提是充分了解中国主要法律组织形式的现状、特征以及优劣势。

1. 你的创业目标

具体包括：是否期望企业持续经营下去，是否想打造一番长久的事业。

2. 你的创业团队规模

这里主要指创业初期可能成为股东的人员规模，包括你引进的投资人。

3. 你的创业资金和资源

这里主要指你的资金与资产资源。对于这个问题要从两方面来分析：一是如果你拥有巨额的私人财产，选择无限责任公司可能不太合适；二是如果你拥有充足的资金和资源，企业未来对资金的需求似乎并不强烈，而且对企业创办成本也不会有太多顾虑，就需要你进行充分的权衡，并对不同的法律组织形式进行进一步的分析。

4. 你对所有权与经营权的掌控程度

这一点也非常重要，因为所有权的可转让性、所有权与经营权的分离等因素，在不同的法律组织形式中是不同的。而是否看重这些问题，将影响你的决定。

5. 你对双重税收的接受程度

你是否考虑过新企业未来可能会支付股利？这些股利需要承受双重征税，你是否能够接受？

6. 你对外部资源的开放程度

有的创业者喜欢单枪匹马、独闯江湖，这与个人的性格、个人的创业目标有关，例如比较霸道、与他人合作不愉快、喜欢个人安稳、小富即安等，他们往往比较保守，不太愿意或者不善于接受过多的外部资源及新生事物。不过，更多的创业者愿意发挥团队的力量、借助外部更多的资源来支撑新企业的快速成长。这些因素决定了未来公司的组织结构、股权的转让程度、产权的流动流程、筹资的愿望、资本运作的需求等，会在很大程度上影响创业者对创业组织形式的选择。

8.1.2 案例：成立个人工作室

工作室是一种专业化、兴趣化、个性化、品牌化的新工作方式（图 8-1），而它产生的背景则是现代科技高速发展，特别是互联网、无线移动通信技术的普及，以及笔记本电脑、彩色打印等高新专业技术设备的平民化，催生了大量丰富、分散、自由和更加自主的工作方式，使工作室的兴起成为可能和现实。

图 8-1

1. 个人工作室的含义

如今的21世纪，个人工作室已不是时髦的词汇，他们是一个新生的群体。个人工作室是指有一定能力的个人承接相应的业务，然后由自己根据客户的要求独立完成，从而获得相应报酬的一种工作模式。工作室不是一个空间概念，而是一种工作状态。

对于个人工作室来说，很多公司可以做的业务它也可以做，不过主要集中在以下几个领域：一是咨询类，如商业行为策划、社会活动策划、个人行为策划等；二是视觉类，如平面设计、图书设计、影视制作等；三是文字类，如商业文案、媒介专栏等；中介类，如提供信息、资讯等。个人工作室可以理解为一个小型的公司。

工作室是创造、独立、自由、个性等精神的完全张扬，是一个更人性、更效能、更先进的工作状态。而公司则不是，在这些方面，公司是有限制的张扬。工作室所有者掌握精湛的技术技能，基本能满足客户的各种需要，不用去专门的企业上班，能自由安排自己的时间，另一方面，服务所得费用除了渠道来源方占有相应的报酬外，基本为个人所得，经济上拥有独立的掌控权，属于多劳多得的经济分配形式，技术方面也能在相应的业务接触中得到一定的升华。

2. 个人工作室的优点

（1）容易创立

相对公司来说，创立这类公司是比较容易的，而且相对来说要求并不多，例如，并不需要注册资金，也不需要股东等，只需准备相对较少的资料就可以注册公司。

（2）经营成本较低

个人工作室相对来说成本较低，无论是人力的成本，还是税负的成本，以及一些杂余费用都相对较少。

（3）与公司性质大致相同

与公司还有企业一样都是可以购买社保和公积金的。工作室运营比较灵活，所有事务由投资人说了算，不用开会研究，也不用向董事会和股东大会作出说明。

（4）税负单一

个人独资企业只有个人所得税，相对于公司来说，计算比较简单，税负总体来说也是较低的。

3. 成立个人工作室的流程

在我国规定的法定市场主体中并没有个人工作室这个类型，有的只有个体工商户、个人独资企业、合伙企业、公司这四种法定的市场主体。如果直接去工商局说要成立个人工作室，这是不行的。

个人工作室是属于个体工商户，所以简单来说注册成立个人工作室和注册成立个体工商户的流程也是相似的。

成立个人工作室的流程如下。

● 办理工商名称预先核准。
● 提交个人工作室经营者的身份信息，工作室的注册地址信息等必备资料。

- 领取工商营业执照。
- 凭借营业执照去备案的刻章机构制作公章。
- 前往银行开户（非必须，个人工作室可不开公户）。
- 办理税务报到。
- 后续经营，按时记账报税、纳税。

办理完上述的所有事项，个人工作室就算作成立了。

8.2　企业的申办手续

按相关政策规定，中小型公司类企业开业登记须到所在地工商行政管理局办理手续。

8.2.1　设计企业名称

设立中小型公司首先要做的是为公司取名，将想好的名称送到工商局的名称核准科，工商局核准科将该名称与已开业的企业核实无重名后，发放名称核准证明。中小型公司在领取名称核准证明后30天内办理公司注册，过期失效。

企业名称通常包括行政区划、字号、行业、组织形式4个要素，其中字号是构成企业名称关键字的核心部分。

企业名称是企业形象的首要元素，是企业文化浓缩的符号，有了好的名称，才能建立起江山永固的企业。在设计企业名称时，要为以后的企业理念、精神的提炼和确立打下坚实的基础，使企业名称在今后的传播中，能起到加强和宣传企业理念、企业精神的作用，真正让企业名称体现出"名副其实，名正言顺"的效果。

企业起名注意事项如下。

- 企业起名要根据公司属性。例如，设计公司的属性就是设计，而设计的最大卖点就是创新，讲求的就是新颖的作品，那么公司的名称最好要体现这个特点。

● 企业名称要避免偏字。在起一个新名称的时候，使用客户容易记和容易写的字，才能更容易给客户留下深刻的印象。

● 企业名称要根据公司性质。公司本身就是一个很正规的主体，所以命名时要注意正规性，而不能贪图新意，贪图好玩。

● 企业名称要提供线索。要能够说明公司的主营业务，名称应该符合业务特点，提示客户公司所提供的服务类型。

8.2.2 企业登记注册手续

在公司名称申请通过后，就要尽快完成接下来的步骤。

（1）领取注册登记表格。将名称核准证明送到工商局，去领取有关登记公司的表格及准备有关资料，具体资料如下。

● 公司设立登记申请书，如表 8-1 所示。

● 公司章程（工商局备有规范的样本，根据实际情况填入即可）。

● 会计师事务所的验资报告。

● 企业主资格证（身份证、待业证、下岗证、辞职证等）。

表 8-1　公司设立登记申请书

名称			
名称预先核准通知书文号		联系电话	
住所		邮政编码	
法定代表人姓名		职务	
注册资本	（万元）	公司类型	
实收资本	（万元）	设立方式	
经营范围	许可经营项目： 一般经营项目：		
营业期限	长期 /　　年	申请副本数量	个
本公司依照《公司法》《公司登记管理条例》设立，提交材料真实有效。谨此对真实性承担责任。			
法定代表人签字：　　　　　　年　月　日			

（2）开设临时账户准备注册资金。将领取的名称核准证明送到附近的银行开设临时的验资账户，开妥账户后将注册资本对应的资金存入。如果某些投资者以实物出资，应要求其提供实物的相关产权证明文件和价值评估资料。

（3）交会计师事务所验证开业资金。将公司名称核准证明、已填妥的《公司设立登记申请书》《公司章程》和投资者资格证等资料连同存入银行的资金证明交会计师事务所，由会计师事务所对上述材料进行审核。实物资产出资部分，会计师事务所还会进行实地盘点，进行资产评估，验证其产权。最终会计师事务所会提交验资报告。

（4）验证场地。将经营场地证明（自有房出示房产证，租房出示租赁合同书）出示给工商局现场勘验人员，由工商局工作人员验定场地后，发给经营场地证明书。

（5）领取回执。将名称核准证明、公司（申报）材料、验资报告、场地证明书、投资各方的身份证等一起提交工商局，待工商局的相关资料审查人员对上述材料进行审查，确认无误后，发给受理回执。

如无其他问题，在 15 个工作日内凭受理回执，带上申请人身份证，由本人前往领证窗口，交付注册资本 1% 的手续费，就可以领到营业执照的正、副本了。

在此还特别提示，现行政策规定，办理公司型饮食服务企业，要有两人以上，其中一人为本地常住户。同时，需要提供未就业证明，如待业证、下岗证、辞职证明、退休证明等。很多地方政府对于安排一定数目的下岗职工或大学毕业生的企业在税收上有优惠政策，要到当地相关税务部门、民政部门咨询。

个体工商户办理开业手续同样要先取好名，然后到工商局查询没有店名重复后，到所在地工商分局（所）领取《个体工商户开业申请表》，按表中内容如实填写后，带上居民身份证、未就业证明（待业证、下岗证、辞职证明、退休证明等）以及经营场所证明（自有房产出示房产证，租赁房出示租赁合同）、验资报告，就可以到工商分局（所）办理登记手续，受理后 7~15 个工作日可领取营业执照。

8.3 企业的选址策略

企业选址是指如何运用科学方法确定企业设施的地理位置，使之与企业的整体经营运作系统有机结合，有效、经济地实现企业经营的目的。

8.3.1 企业选址的重要性

人在购置住宅时会讲究一些朝向、通风，那企业在选址时是不是也会有这些讲究呢？选址的重要性又具体表现在什么地方呢？总结如下。

1. 地址是制订经营战略及目标的重要依据

想要确立经营战略及目标，首当其冲要考虑的就是所在区域的社会环境、地理环境、人口、交通状况及市政规划等因素。依据这些因素明确目标市场，按目标顾客的构成及需求特点，确定经营战略及目标，制订包括广告宣传、服务措施等在内的各项策略。

2. 地址选择是对市场定位的选择

地址在某种程度上决定了客流量的多少、顾客购买力的大小、顾客的消费结构、对潜在顾客的吸引程度，以及竞争力的强弱等，这就是"地利"带来的优势。

3. 地址选择是一项长期性投资

无论是租赁还是购买房屋，企业地址一旦被确定下来，就需要投入大量的资金。企业选址本身就具有长期性、固定性的特点。因此，对地址的选择要做深入的调查和周密的考虑，妥善规划。

4. 地址选择反映了服务理念

地址选择要以方便顾客为首要原则。从节省顾客的购买时间、节省其交通费用的角度出发，最大限度地满足顾客的需要。否则就会失去顾客的信赖和支持，也就失去了存在的基础。

经过以上的分析，我们也能够对选址的重要性有一个比较清晰的认识，但是，如何才能根据具体的自身和环境的因素来进行选址呢？

众所周知，门店的选址对于连锁企业来说，可谓是门店成败的决定性因素，那么，以下我们便以连锁企业的门店选址为例来进行分析。尽管随着我国经济的飞速发展，许多连锁企业正在蓬勃发展，但是，由于专业及经验的限制，国内的连锁企业在选址方面的成功率一直不高。经过一系列的咨询及数据分析，多数企业在选址方面主要有以下一些问题。

第一种选址方案就是凭感觉。这样的情况经常出现于一些中小企业，在这些企业中，老板的选址方法多半是依据多年的开店经验或者直觉来判断店面的选址，甚至还会归咎于风俗问题。而这些选址经验多半没有科学依据，仅凭自身感觉，风险极高。曾经还有过这样一个故事，有一位美体连锁店的女老板介绍自己选店经验时自豪地说："站在那里闻一下气味，就知道能不能开店。"结果在深圳发展时连开三家都失败了。

第二种情况比第一种情况已有一定的改善，这些连锁企业已经拥有一定的选址标准和经验，对于选址问题也有了一些策略，已经知晓占据有利位置的重要性。但是这些企业往往面临的问题是：尽管企业老板明白了占据有利位置的重要性，但是拿下一个旺铺是需要很大成本的，成熟商圈的店址更是千金难求。企业主们直接面对的问题就是高昂的租金成本，这导致了一些企业主在面临高额的成本需求时，不能准确预测投资收益，甚至租金成本高于本行业利润率，最终以失败告终。除此之外，还出现了另一种选址类型。为了降低成本或避开强势竞争实现"农村包围城市"的策略，一些企业选择在此商圈进行布点，但是通常也因为其不能科学、准确地预测商圈成熟时机，从而也难逃失败的命运。其中比较著名的案例就是东方家园建材超市在广州的选址方案。东方家园广州门店是作为东方家园在华南地区开设的第一家大型建材家居连锁店。在2004年选址时，如同上述的策略，东方家园选择在城乡接合部的未成熟商圈——芳村进行发展。原预期可获得周边楼盘未来发展带来的增长收益。但由于选址过于偏僻，周围都是批发市场，消费层次较低，客流量太少。整个市场至少需要2~3年的投入培育才能修成正果，选址先天不足加之经营手法上的缺陷，在辛苦煎熬1年多又歇业7个月之后，芳村店最终无奈地被百安居接管。

第三类问题的产生则是由于连锁业自身的特性。连锁业必须进行快速的扩张，凭此来降低运营成本。在这个扩张的过程中，由于没有建立和完善选址的标准及规范，缺少有效的组织和系统，一旦开始批量开店选址，人员分身乏术，一时间无法找到理想的开店地址，最终导致扩张计划一再延迟，从而成为扩张计划的最大阻碍。

8.3.2　企业选址时要考虑的问题

企业工厂的选址需求随着中国经济转型升级正在发生变化，企业开始转变为倾向于选择产业环境及配套设施完善的同时能够为企业提供人才、资金、科技、优惠政策等服务的成熟产业园区。企业选址产生需求的原因也更为多样，包括投资新办、增设分厂、增产扩容、战略性搬迁、政策牵引等。

企业选址时，需要考虑的一些具体问题总结如下。

- 位置决定了企业的市场与其生产成本。
- 园区的政策配套、产业分配和后期发展的服务配套。
- 园区发展理念。园区的产品定型不同，决定了园区为哪一种类型的企业服务，这直接关系到你在发展过程中企业类型与园区的对接，还有就是园区内的潜在客户和潜在升值能力。

除了选址时需要考虑的具体问题，企业选址还需要根据自身的发展策略和企业特性等因素考虑选址。

1. 在企业中决定选址成败的关键因素

影响企业选址的主要因素是成本、市场等。企业的运营成本影响着企业的成本利润率与企业的投资意向；市场需求则决定了市场供应量；而政府的服务效率、透明程度，以及产业政策的导向和限制，会直接对产业的区域发展环境产生影响，进一步影响企业选址。因此，企业的选址决策需要考虑不同的影响因素和各因素的权重差异。

2. 产业特性

在企业选址的过程中，除了考虑成本因素，产业特性也是需要十分重视的一个方面。例如，钢铁厂和硅料等提纯厂的选址策略就尽量接近原料、燃料动力的供应地，这样大幅减少了运输等各方面的成本。而一些需要众多人工的劳动密集型的制造企业，则选择向人工供应充沛、质量高、工资低、综合运价成本更低的地区转移。

3. 价值链环节

企业所处价值链环节不同，企业选址考核的侧重点也随之发生变化。总部基地、研发中心等企业的选址，则更多关注的是政策因素的影响。风险投资在布局上更多的是偏好聚集在大城市或新兴城市；制造型企业的选址则更加注重于成本因素，如能否容易以较低的成本获取土地、能源、劳动力等资源；营销及售后服务企业就要更多地考虑市场的因素。

总而言之，企业的选址不仅需要权衡成本、市场、政策等因素，还需要从自身的产业特性与价值链环节进行综合考察，选址时目光不能仅聚焦于这些市场政策等外部因素，还要根据自身实际需要，从内外兼顾的综合方面考虑企业选址的问题。

8.3.3　正确的选址技巧

企业主如何准确地找出自身企业的特性，将选址正确地进行下去呢？首先，从 6 个方面进行门店开发的分析。

1. 目的性消费

商业消费可细分为目的性消费和随意性消费。目的性消费就是消费行为由预选设定的目的来指导，为了达到某种特定目的的消费。目的性消费强调对消费的预先计划，对去消费的商家有指定性或较强的倾向性。

2. 随机消费

随机因素是指消费者进行购买决策时所处的特定地点和具备的一系列条件，随机因素对消费行为的影响往往是多方面的。有时，消费者购买决策是在始料未及的情况下做出的，有时，某种情况的出现会延迟或缩短人们的决策过程。例如，一个正在考虑购买计算机的消费者可能会在品牌的选择上耽搁，这种耽搁势必会减缓决策过程，甚至会导致他放弃购买。相反，假如一个人在工资上涨的情况下，购买决策过程就会加快。

3. 品牌定位与目标客户群

品牌定位是企业在市场定位和产品定位的基础上，对特定的品牌在文化取向及个性差异上的商业性决策，它是建立一个与目标市场有关的品牌形象的过程和结果。换言之，即为某个特定品牌确定一个适当的市场位置，使商品在消费者的心中占领一个特殊的位置。

4. 城市群

城市群也是选址时不得不考虑的因素。城市群指以中心城市为核心，向周围辐射构成城市的集合。城市群的特点反映在经济紧密联系之间的产业分工与合作，交通与社会生活、城市规划和基础设施建设相互影响。由多个城市群或单个大的城市群即可构成经济圈。

5. 商圈

商圈是指商店以其所在地点为中心，沿着一定的方向和距离扩展，吸引顾客的辐射范围。简单来说，也就是来店顾客所居住的区域范围。商圈由核心商圈、次级商圈和边缘商圈构成，各个商圈的特性对企业选址有着直接的影响。

6. 市场驱动

市场驱动式营销是一种把顾客作为营销过程的着重点的营销方式，通过仔细的市场研究，为目标市场开发生产出他们所需要的产品。这种营销方式把顾客作为企业一切营销活动的对象。市场驱动型营销要求产品管理者不断地分析关键问题和挑战因素，从而找到合适的战略与战术拉动客户，由客户的购买欲望拉动整个公司的运作。在这个过程中，对于企业的选址问题也产生了一定的影响。

8.3.4 企业选址的步骤

在了解了一系列与企业选址开发有关的问题后，即可开始具体实施企业选址。

1. 市场勘查

市场勘查作为选址的第一步，其重要性不言而喻。从上文中，我们能够对市场勘查的重要性有一个初步的了解。市场勘查并不是只从市场一方面进行考察，企业主需要综合考虑选址的因素。

2. 商圈等级评估

商业圈的选择也是企业选址成败的关键因素。关于这一点，可以从上文提到的东方家园案例中得出一个较为具体的概念。

3. 确定商业销售驱动

如何准确地把握商业销售驱动，也是企业主需要重点考察的问题之一。

通过以下 10 个步骤，可以指导企业主进行企业选址。

① 分析与交通相关的因素。

② 客流动线分析。

③ 评估能见度和可接近性。

④ 企业选址的能见度和可接近度，直接影响企业门店的人流量。

⑤ 确定门店设计。

⑥ 一个独特的设计可能会更加容易吸引消费者的注意力。

⑦ 选择可比门店。

⑧ 周边同类型门店的对比，优劣性问题也是需要考虑的。

⑨ 新店财务预算。

⑩ 开业后分析评估。

8.3.5 案例：麦当劳的选址技巧

作为全球最大的连锁快餐品牌，麦当劳在全球范围内拥有数百万的消费者（图 8-2）。然而，这家公司的成功不仅是因为他们制作的美味汉堡和薯条，更有其位于世界各地的公司选址所发挥的重要作用。

图 8-2

1. 麦当劳的选址策略

麦当劳的成功，除了品牌优势，在选址方面更具敏锐目光，进驻具有发展潜力的地区。难怪国内有不少零售企业，都愿意在麦当劳旁开店。

麦当劳的选址策略如下。

（1）对地区作评估

做生意是长线的投资，所以在拣选"落脚地"时，麦当劳都会做市场调查，对据点作为期 3~6 个月的严密考察。考察的内容包括进驻城市的规划与发展、人口变动、消费和收入水平等，如果发现是老化的城市，则会打退堂鼓。相反，若有兴建中的新型住宅区、学校和商场等，则会纳入考虑的范围。

（2）建频密网络

麦当劳的目标消费群是家庭成员和年轻人，所以在选址上，人潮聚集地是最主要的考虑因素。例如，在旺区的儿童用品商店，或者青少年运动连锁店附近，便会积极进驻。至于靠近繁忙地铁站的周边，在不同的出口也会设置分店，为顾客提供方便考虑，也以频密的网络抢夺来自四面八方的顾客。

（3）不打急进牌

虽然不少品牌都希望抢得黄金铺位，但昂贵的租金往往在营运成本上占了很大的比重。麦当劳在国内的对策是不打急进牌，例如在上海松江区和金山区，便先发展其他二线据点，打响知名度和凝聚人流后，吸引代理高价店面的地产商，然后再做出议价行动，这样才能获得投资回报。

（4）抢眼装潢

除了地铺，麦当劳也会在商场等一楼设店，而设店位置往往靠近玻璃窗，以落地玻璃窗反映顾客在店内的消费行为，借此吸引街外客的目光，以取得视觉上的优势。

（5）优势互动

麦当劳在百货公司也会开店中店，以吸纳喜欢逛百货公司的顾客，尤其在知名度高的品牌旁边开店，如家乐福超市等，以达到优势互补的作用。至于年轻人喜欢逛的购物商场，如时代广场等，也会带来稳定的客源。

2.麦当劳的商圈调查

麦当劳确定市场目标需要通过商圈调查，在考虑餐厅的设址前，必须事先估计当地的市场潜能。

（1）确定商圈范围

麦当劳把在制订经营策略时确定商圈的方法称作"绘制商圈地图"，商圈地图的画法首先是确定商圈范围。

一般说来，商圈范围是以这个餐厅为中心，以1~2千米为半径画一个圆，作为它的商圈。如果这个餐厅设有汽车走廊，则可以把半径延伸到4千米，然后把整个商圈分割为主商圈和副商圈。

商圈的范围一般不要越过公路、铁路、立交桥、地下道、河流，因为顾客不会绕过这些阻隔到不方便的地方购物。

商圈确定后，麦当劳的市场分析专家便开始分析商圈的特征，以制订公司的地区分布战略，即规划在哪些地方开设多少餐厅最为适宜，从而达到通过消费导向去创造和满足消费者需求的目标。

因此，商圈特征的调查必须详细统计和分析商圈内的人口特征、住宅特点、集会场所、交通和人流状况、消费倾向、同类商店的分布，对商圈的优缺点进行评估，并预计设店后的收入和支出，对可能的净利润进行分析。

在商圈地图上，他们最少要标注下列数据。

● 餐厅所在社区的总人口、家庭数。
● 餐厅所在社区的学校数、事业单位数。
● 构成交通流量的场所（包括百货商店、大型集会场所、娱乐场所、公共汽车站和其他交通工具的集中点等）。
● 餐厅前的人流量（应区分平日和假日），人潮走向。
● 有无大型公寓或新村。
● 商圈内的竞争店和互补店的店面数、座位数和营业时间等。
● 街道的名称。

（2）进行抽样统计

在分析商圈的特征时，还必须在商圈内设置几个抽样点，进行抽样统计。抽样统计的目的是取得基准数据，以确定顾客的准确数字。

抽样统计可将一周分为三段：周一至周五为一段，周六为一段，周日和节假日为一段，从每天的早晨 7 点开始至午夜 12 点，以每两个小时为单位，计算通过的人、汽车和自行车数。人流数还要进一步分类为男、女、青少年、上班和下班的人群等，然后换算为每 15 分钟的数据。

3. 参考麦当劳选址开家饮食店

一项事业的成功往往离不开天时、地利、人和。开店选址是很讲究的，一旦决定开店，一定对所选地点作全面的考察，了解该区的人口密度等。通常应控制下列 10 个细节。

- 交通便利。
- 接近人们聚集的场所。
- 选择人口增加较快的区域。
- 选择较少横街或障碍物的一边。
- 选取自发形成某类市场的地段。
- 根据经营内容来选择地址。
- 要有"傍大款"意识，即把店面开在著名连锁店或品牌店附近，甚至能够开在它的旁边。
- 位于商业中心街道。
- 选择有广告空间的店面。
- 选择由冷变热的区位。

8.4　企业的管理方法

在现今的企业管理中，管理者为了提高企业管理的质量，采用了很多不同的做法，下面介绍几种最基本的企业管理方法。

8.4.1　产品管理

在 20 世纪中期，一代产品的概念通常意味着 20 年左右的时间。而到了 21 世纪初，一代产品的概念不超过 7 年，而其中，生命周期最为短暂的就是计算机类产品。根据摩尔定律，计算机芯片的处理速度每 18 个月就要提升一倍，而其芯片价格，则是以每年 25% 的速率下降。如此快速的产品更替速度，直接导致了企业中产品的开发与管理问题。

所谓的"新产品"是指采用新技术原理、新设计构思研制、生产的全新产品，或者在结构、材质、工艺等某一方面比原有产品有明显改进，从而显著提高了产品性能或扩大了使用功能的产品。一般来说，新产品具有以下的几个特点。

- 具有新的技术原理、新的设计构思或设计。
- 采用了新材料，从而大幅提升了产品性能。
- 产品结构有明显的改进。
- 扩大了产品的使用功能。

前文也曾提到过，在创造一个新的产品时的思路与方法，但是，开发一种新的产品考虑的不仅是设计方面的因素，与市场的结合、消费者的需求等因素也同样重要。所以，如何把握产品的管理开发策略就是一个不能忽视的问题。

新产品的开发要以满足市场需求为前提、企业获利为目标。在这个过程中，企业应当遵循的原则是：根据市场需要，开发适销对路的产品；根据企业的资源、技术等能力确定开发方向；量力而行，选择切实可行的开发方式。

在产品的开发管理过程中，采用何种策略则要根据企业自身的实力，根据市场情况和竞争对手的情况，同时，企业决策者的个人因素也直接影响着开发策略的不同。那么，在这个新产品开发管理的过程中，究竟有哪些开发管理策略呢？接下来，我们将讲述几种常用的管理策略。

1. 先发制人策略

这个策略的优势在于根据新产品的独特性，企业率先推出新产品，占领市场，争取市场上的有利位置。因为对于广大消费者而言，第一个上市的产品就是正宗的产品，其他的产品都要以"第一"作为参照标准。因此，首先占据市场上"第一"的有利位置，对于一家企业来说，具有相当大的意义。当然，争取"第一"的位置对于一家企业来说要求不低。采用这样的开发管理策略的企业应当具备强烈的争取"第一"的意识；其次，对于企业的硬性要求也不低，如企业的开发团队、资金等问题；最后就是企业需要对市场需求，以及变动趋势有超前的预判能力。不过，一旦成功运用了先发制人的策略，利用先入为主的优势，在消费者群体中建立好企业品牌的偏好，那么取得丰厚的利润指日可待。

2. 模仿式策略

与第一策略正好相反，模仿式策略就是等别的企业推出新产品后，立即加以仿制和改进，然后推出自己的产品。这种策略绕过了新产品开发环节，将注意力集中于产品的仿制和改进，专门模仿市场上刚刚出现的畅销产品，进行跟随性模仿甚至改良，借此分享市场利益，甚至后来者居上。采取这样的开发策略，尽管不是市场上第一个上市的产品，但是，运用这样的策略，有效地降低了企业开发的冒险性，极大地降低了开发的风险，同时还能节约开发费用，甚至还可以用节省下的开发费用进行产品改良，达到后来居上的效果。这种开发管理策略十分适合一些资金并不是那么雄厚的中小型企业，能够有效地规避创新的风险。

3. 系列产品开发策略

与模仿式策略有些类似，不过系列产品开发就是从横、纵两个方向进行产品的延伸，开发出一系列类似的但又各不相同的产品，形成不同类型、不同规格、不同档次的产品系列，满足不同消费水平的消费者。

在这些不同产品开发策略的基础上，企业还可以根据自身具体的情况选择相应的开发方式。

① 独立研制方式：指企业依靠自己的科研和技术力量研究开发新产品。这样的研究方式对企业的硬性要求较高，需要拥有属于企业自己的专业性开发团队，以及较高级的技术力量。

② 联合研制方式：指企业通过与其他单位的联合，如大学、科研机构或者其他企业共同研究开发新产品。

③ 技术引进方式：通过与外商的联合，从国外引进先进的科学技术来开发新产品。我国众多企业在20世纪90年代时，多采用这种技术引进的方式来提升自身企业的竞争力。

④ 自行研制与技术引进相结合的方式：这种方式更注重于引进先进的科学技术后，将这些科学技术研发的产品进行本土化，以求其产品更加适应本土消费者的需求。

⑤ 仿制方式：按照样机或专利技术产品，仿制国内外的新产品，是迅速赶上竞争者的一种有效的新产品开发方式。

8.4.2 营销管理

所谓的"营销管理"是指为了实现企业或组织目标，建立和保持与目标市场之间的互利交换关系，而对设计项目的分析、规划、实施和控制。从实质上讲，营销管理就是需求管理，即对需求的水平、时机和性质进行有效的调节。在市场行为中，以营利为目标，把组织、架构、人员、培训、绩效、考评、薪资等众多要素综合考虑，优化实施。

在市场行为中，营销管理涉及了许多方面，各个环节的需求都要考虑到。营销管理中，企业强调团队合作，强调供应链。一个好的营销政策，要充分考虑营销政策推行的各个方面，其中主要是企业、消费者、经销商、终端、销售队伍这5个方面。

1. 满足企业的需求

企业追求的是可持续发展，在短期内，企业可以不盈利，追求扩张、发展，但是最终的目的还是盈利。在实际操作中，企业按照"以销售者为中心"的思考方式，但仍然要按照企业自身的利益来行动。在企业发展的不同阶段，市场发展的不同阶段，企业的需求不同。

● 市场孕育期：当一个企业开发了新产品，首先面临的两个问题就是要迅速完成资金的原始积累和迅速打开市场。这个时期的企业会注重于销量，可能会采取高提成、高返利等政策。

● 市场成长期：在这段飞速发展的时期，企业出现了类似的竞争对手。因此，此时扩大市场份额、占领市场制高点就是企业的主要任务。

- 市场成熟期：这个时期，企业需要继续延续产品的生命周期，开始追求稳定的现金流量，同时推出各种促销政策。
- 市场衰退期：这个时期要尽快回收投资。

尽管从上面的产品生命周期中，各个时期的企业政策各不相同，但是有一个根本的需求——满足企业的需求。营销管理是对企业需求的管理，以满足企业的需求为根本。所以，营销决策者首先要做的就是具体落实企业的需求，然后再考虑剩下的 4 个需求。

2. 满足消费者的需求

消费者的需求是什么？消费者对好的产品质量有需求，消费者对合理的价格有需求，消费者对良好的售后服务有需求。这就是消费者真实、理性的需求，从这几点来看，中国的消费者并不成熟，所以才经常被企业误导。但是对于企业来说，消费者的需求是最重要、最长久的，如果企业只满足于短期盈利，忽略消费者的需求，那么消费者也不会选择这样的企业。

3. 满足经销商的需求

根据产品的不同，经销商的需求也是随之改变的。

- 销量需求。如果产品十分畅销，经销商需要的可能只是销量，畅销的产品能够带动其他的产品，经销商能够从其他的产品中赚取利润。
- 利润率的需求。对于毛利较高的新产品，即使产品卖得慢，但是利润足够高，这样同样能够满足经销商的需求。
- 稳定下家的需求。经销商通过对紧俏产品的把持，能够维持自己产品渠道的忠诚，这样的产品同样能够满足经销商的需求。

企业在制订营销方针的时候，需要考虑到经销商的需求。有时不能对接的营销方针与不同的经销商的需求，可能导致产品滞销等一系列问题。

4. 满足终端的需求

有句话说："终端为王"，事实上也确实如此。中小终端的倒闭问题导致企业做终端的风险和成本很大，而大型的终端则会索取一系列费用，但是终端又不得不做。所以，怎么满足终端的需求也是不能忽视的问题。

5. 满足销售队伍的需求

任何营销政策，最终都靠销售队伍来贯彻，销售代表执行力度的大小，可能比政策本身的好坏更重要。这是一个"打群架"的时代，营销竞争是靠团队的，所有的经销商、终端、消费者的需求，都要通过销售队伍来满足。销售队伍的需求又有哪些呢？他们对合理的待遇有需求，对培训机会有需求，对发展空间有需求。满足销售队伍的要求可能并不难，但是很多企业都会将他们忽视，"宁予外寇，不予家奴"，这是部分企业对待销售队伍的态度。从表面来看，可能销售队伍并不是那么重要，其实，并非如此。一个销售代表的背叛可能会导致一个地区的业务失控。

8.4.3　财务管理

财务管理是在一定的整体目标下，关于资产的购置（投资）、资本的融通（筹资）和经营中现金流量（营运资金），以及利润分配的管理。财务管理的目标分为 5 个。

- 产值最大化。
- 利润最大化。
- 股东财富最大化。
- 企业价值最大化。
- 相关方利益最大化。

在力求实现 5 个"最大化"的过程中，企业财务管理还应当考虑到一些原则问题，主要整理如下。

原则一：风险收益的权衡，对额外的风险需要有额外的收益进行补偿。

原则二：货币的时间价值，今天的 1 元钱比未来的 1 元钱更值钱。

原则三：价值的衡量要考虑的是现金而不是利润。

原则四：增量现金流，只有增量是相关的。

原则五：在竞争市场上没有利润特别高的项目。

原则六：有效的资本市场，市场是灵敏的，价格是合理的。

原则七：代理问题，管理人员与所有者的利益不一致。

原则八：纳税影响业务决策。

原则九：风险分为不同的类别，有些可以通过分散化消除，有些则不能。

原则十：道德行为就是要做正确的事情，而在金融业中处处存在着道德困惑。

财务管理是一项涉及面广，综合性和制约性都很强的系统工程，在现代企业管理中，财务管理通过价值形态对资金活动进行决策、计划和控制的综合性管理，是企业管理的核心。财务管理贯穿于企业管理的各个环节，任何环节的失误都可能给企业带来财务风险，因此，企业的管理者应当注重此方面，将财务管理的风险防范工作始终落实到位。

8.4.4　人力资源管理

人力资源是指在一定范围内的人，所具有的劳动能力的总和。或者说，指能够推动整个社会发展的、具有智力劳动和体力劳动的总和。而人力资源管理则是运用现代科学的方法，对与一定物力相结合的人力进行合理的培训、组织和调配，使人力、物力经常保持最佳比例，同时对人的思想、心理和行为进行恰当的诱导、控制和协调，充分发挥人的主观能动性，使人尽其才，事得其人，人事相宜，以实现组织目标。

在学术界，一般将人力资源管理分为 6 大模块。

1. 人力资源工作规划

人力资源的规划工作主要有几个目标。

- 获得并保持一定数量的具有专业技能、知识结构和能力的人员。
- 充分利用现有的人力资源。
- 能够预测企业中潜在的人员过剩或不足。
- 建立一支运作灵活的劳动力团队，以增强企业适应环境的能力。
- 减少企业在关键技术环节对外部招聘的依赖。

2. 招聘与配置

员工的招聘通常是为了按照企业经营规划的要求，将优秀、合适的人员招聘进入企业，同时将这些优质员工合理地安排在合适的岗位上。一般的招聘方法有：招聘面试情景模拟、心理测试、劳动技能测试。企业可以委托各种劳动就业机构或者自行招聘录用员工。通常，通过招聘的员工在入职前还需要通过岗前培训，其目的是使员工熟悉工作流程、企业文化与制度、熟悉工作内容与性质等。

3. 培训与开发

培训与开发就是组织通过学习、训导等手段，提高新雇员的工作能力、知识水平和潜能发挥，传授其完成本职工作所必需的基本技能，最大限度地使员工的个人素质与工作需求相匹配，进而促进员工现在和将来的工作绩效的提高。

4. 绩效管理

绩效考评是通过对人与其工作状况进行评估，体现员工在企业中的相对价值或贡献程度。绩效考评是作为人事管理系统的组成部分，运用一套系统的制度性规范、程序和方法进行评价。主要是通过员工日常生活中体现出来的工作能力、态度，以及成绩来进行评估。这样的评估，从企业发展的角度来说，有助于企业经营目标的实现。

5. 薪酬与福利

薪酬是指员工为企业提供劳动而得到的各种货币与实物报酬的总和。通常薪酬的结构意味着一个企业中各项职位相对价值及其对应的实付薪酬间保持着什么样的关系。

6. 劳动关系

劳动关系是指劳动者和用人单位（包括各类企业、个体工商户、事业单位等）在劳动过程中建立的社会经济关系。劳动关系在劳动者与用人单位签订劳动合同后确定。签订劳动合同时要秉承自愿平等、协商一致的原则，所有违反法律、行政法规的劳动合同，以及采取欺诈、威胁等手段订立的劳动合同属无效的劳动合同。

人力资源管理的主要职责是什么呢？加里·德斯勒在他所著的《人力资源管理》一书中曾提到，一家大公司的人力资源管理者，在有效的人力资源管理方面所负的责任描述为以下十大方面。

① 把合适的人配置到适当的工作岗位上。

② 引导新雇员进入组织（熟悉环境）。

③ 培训新雇员适应新的工作岗位。

④ 提高每位新雇员的工作绩效。

⑤ 争取实现创造性的合作，建立和谐的工作关系。

⑥ 解释公司政策和工作程序。

⑦ 控制劳动力成本。

⑧ 开发每位雇员的工作技能。

⑨ 创造并维持部门内雇员的士气。

⑩ 保护雇员的健康，以及改善工作的物质环境。

那么，人力资源管理如何在企业中发挥其功能呢？我们可以从以下5个方面来分析。

● 根据企业目标确定的所需员工条件，通过规划、招聘、考试、测评、选拔，获取企业所需的人员。

● 通过对企业文化、员工人际关系等方面的有效整合、协调，使企业内部的员工个体、群体的目标、行为、态度等方面更加契合企业的发展理念，从而提升企业的生产力与效益。

● 人力资源管理通过保持员工的工作积极性与员工健康安全的工作环境来增进员工的满意度，使其能安心、满意地工作。

● 管理部门通过员工的绩效考核、工作评价等方面对其做出评估，做出奖励、惩罚、去留等决策。

● 管理部门根据员工的个人整体素质，展开职业发展管理。通过员工培训来促进员工知识、技巧和其他方面的素质提升，增强员工的能力，从而能够最大限度地实现其个人价值和对企业的贡献度。

长期以来，人力资源管理由于受国内计划经济体制的限制，在企业中经常被忽视，仅在需要时才发挥作用，严重阻滞了人才的流动，造成了巨大的人力资源浪费。到现在，国有企业管理人员的人力资源开发与管理的理念仍然十分落后，很少做长期的人力资源预测、规划和开发。同时，国有企业中的企业权限过于集中，过分的权限极大地阻滞了竞争机制发挥作用。为了面对经济全球化的现状，人力资源管理是不得不关注的一块。我国人力资源管理要采用计划、组织、领导、监督、协调、控制等有效措施和手段，不但要考虑人才配备，而且要着眼于未来，重视人力资源的规划与开发。

8.4.5　发展战略管理

发展战略管理通过对公司在完成具体目标时对不确定因素做出的一系列判断，对一个企业或组织在一定时期的、全局的、长远的发展方向、目标、任务和政策，以及资源调配做出的决策和管理艺术。主要包括战略制订和形成，以及战略实施两个部分，对高级管理层相关能力及素养有较高的要求。

由于各企业对于危险和机遇的区别有着不同的理解，所以战略管理也成了一个不确定的过程。在实施一套战略管理的措施时，战略管理大师迈克尔·波特认为一项有效的战略管理必须具备 5 个关键点：独特的价值取向、为客户精心设计的价值链、清晰的取舍、互动性、持久性。

企业战略管理体系的设计究竟是如何实现的呢？其实，企业战略管理体系的实质就是围绕着企业的 3 个核心问题进行细化的过程。企业的 3 个核心问题分别是："企业在哪里""企业去哪里"和"我们何时竞争"。

● 所谓的"企业在哪里"，是指认清企业的位置、明晓企业的优势所在，以及企业如何从广泛的市场参与中，选择有价值的目标市场与顾客，以提供满足其需求的服务举措。

● "企业去哪里"是指企业未来的发展方向。

● "我们何时竞争"要求企业竞争对手有较详细的了解，仔细分析，运用获取较高价值的各种策略手段，明确展开竞争行动的合适时机。

在理论上，一个成熟的战略管理理论认为战略管理通常是由环境分析、战略制订、战略实施和战略控制这 4 个不同阶段组成的。通常，我们在理论的过程中会按照步骤，进行分步管理。然而，在实际应用的过程中并非如此。这 4 个不同阶段往往是同时发生的，甚至不按照以上的步骤逐步进行，这使整个战略管理变成一个动态的过程。企业的管理者不得不根据战略管理过程的动态变化，设计出一种具有足够弹性的、能够适应时刻变化的外部环境的战略管理系统。

8.4.6　企业文化管理

　　企业文化从本质上来说就是企业的个性，就是企业这一经济组织的经营意识及组织文化内涵。优秀的企业文化，在精神上能够带动员工树立与企业一致的目标，使员工在个人奋斗的过程中保持与企业目标相同的步调，营造一种积极的工作氛围、共享的价值观念和管理机制，产生鼓励积极创造的工作环境。在实质上，优秀的企业文化也会对企业的绩效产生强大的推动作用。

　　事实上，国内大多企业都是仅将企业文化管理作为一个面子工程在企业内部实行的，"说起来重要，做起来次要，忙起来不要"，这就是大多企业文化管理中的一个现实问题。那么，如何才能有效地实施企业文化管理呢？我们首先要做的是，将企业文化管理与企业文化建设区分开来。

　　2014年到2016年，根据企业文化的实际落实情况的全国性调查，有不到1/4的企业员工能够在日常工作中，经常运用企业文化的管理理念来指导和规范自己的行为，大部分的企业员工认为企业文化对实际工作并没有起到十分明显的促进作用，工作的时候跟着领导的思路走就可以了。部分企业的文化工作也没有落实到位，只是匆忙地走一个过场罢了。

　　从上文中我们也可以了解到，企业文化管理对于企业持续发展的影响，那么，企业管理者应该如何才能实现企业文化管理呢？可以参考如下方法。

　　1. 晨会、夕会、总结会

　　利用晨会、夕会的时间宣讲公司价值观。在月度、季度、年度部门和全公司的总结例会中，也进行适当的宣传，将这些会议固定下来，成为公司的制度及企业文化的一部分。

　　2. 思想小结

　　思想小结就是定期让员工按照企业文化的内容对照自己的行为，自我评判是否做到了企业要求，又该如何改进。

　　3. 张贴宣传企业文化的标语

　　把企业文化的核心观念写成标语，张贴于企业的显眼位置。

4. 树先进典型

给员工树立了一种形象化的行为标准和观念标志，通过典型员工可形象、具体地表明"何为工作积极""何为工作主动""何为敬业精神""何为成本观念""何为效率高"，从而提升员工的行为。上述的这些行为都是很难量化描述的，只有具体形象才可使员工充分理解。

5. 权威宣讲

引入外部的权威进行宣讲是一种建设企业文化的好方法。

6. 外出参观学习

外出参观学习也是建设企业文化的好方法，这无疑向广大员工暗示：企业管理人员对员工所提出的要求是有道理的，因为别人已经做到了这一点，而我们没有做到这些是因为我们不够努力，我们应该改进工作向别人学习。

7. 企业故事

有关企业的故事在企业内部流传，会起到企业文化建设的作用。

8. 企业创业、发展史陈列室

陈列一些与企业发展相关的物品。

9. 文体活动

文体活动指唱歌、跳舞、体育比赛、国庆晚会、元旦晚会等，在这些活动中，可以把企业文化的价值观贯穿进行。

10. 引进新人，引进新文化

引进新的员工，必然会带来一些新的文化，新文化与旧文化融合就形成另一种新文化。

11. 开展互评活动

互评活动是员工对照企业文化要求当众评价同事工作状态，也当众评价自己做得如何，并由同事评价自己做得如何，通过互评活动，摆明矛盾、消除分歧、改正缺点、发扬优点、明辨是非，以达到工作状态优化的目的。

12. 创办企业报刊

企业报刊是企业文化建设的重要组成部分，也是企业文化的重要载体。企业报刊更是向企业内部及外部所有与企业相关的公众和顾客宣传企业的窗口。

8.4.7 案例：阿里巴巴的创业管理

"良好的定位，科学的管理，优秀的服务，出色的盈利模式"使阿里巴巴成为全球首家拥有 210 万商人的电子商务网站，成为全球商人网络推广的首选网站，被大家评为"最受欢迎的 B2B 网站"（图 8-3）。

图 8-3

在互联网发展的初期，全球互联网所做的电子商务基本上都是为全球顶尖的 15% 的大企业服务的。马云是从底层的市场打拼出来的，他生长在私营中小型企业发达的浙江，因此，他深知中小型企业发展的困境，所以他决定选择 85% 的小企业，放弃那 15% 的大企业。马云觉得小企业才是最需要互联网的群体，他们什么都没有，而大企业有自己的信息渠道，有巨额的广告费。马云想要提供这样一个平台，将全球中小型企业的进出口信息汇集起来。

创业初期的企业对人才的需求十分重要。企业的管理者要让员工自己的发展和切身利益与企业的发展捆绑在一起，并且要将自己的决策贯彻到企业经营管理的各个环节，让每个员工知道经营管理者的理念。"阿里巴巴"的管理层可以说是绝对豪华，它的顾问是孙正义和前世贸组织总干事萨瑟兰，而在这里，聚集了来自 16 个国家和地区的网络精英，并且，越来越多的从哈佛大学、斯坦福大学、耶鲁大学毕业的优秀人才正涌向阿里巴巴。创业 5

年，尤为令人惊讶的是，从来没有人提出来要走，公司最初的 18 个创业者，到现在一个都不少。即使别的公司出 3 倍的工资，员工也不动心。对其中的奥妙，马云也说得很简单，"在阿里巴巴工作 3 年就等于上了 3 年研究生，他将要带走的是脑袋而不是口袋。"

正确、严格的财务控制是新创企业和小公司成败的关键之一。企业财务管理首先应该关注现金流量；其次，要加强企业财务风险控制。成才期的公司需要大量的运营资本来应对快速增长的应收账款和存货，举债经营成为企业发展的突出问题。阿里巴巴网站注册成立一个月后，由高盛牵头的 500 万美元风险资金立即到账。1999 年，马云得到孙正义的赏识，单独谈判后，获得 3500 万美元的风险投资。2000 年，阿里巴巴引进软银的 2000 万美元投资。2003 年，阿里巴巴投资 1 亿元人民币推出淘宝网，致力打造全球最大的个人交易网站，2004 年 7 月，又追加投资 3.5 亿元人民币，2005 年 10 月，再次追加投资 10 亿元人民币。2003 年 10 月，阿里巴巴创建独立的第三方支付平台——支付宝，正式进军电子支付领域，目前，支付宝已经和中国工商银行、中国建设银行、中国农业银行和中国招商银行，以及 VISA 国际组织等各大金融机构建立战略合作，成为全国最大的独立第三方电子支付平台。2005 年 8 月，阿里巴巴和全球最大门户网站雅虎达成战略合作，阿里巴巴兼并雅虎在中国的所有资产，阿里巴巴因此成为中国最大的互联网公司。

一个优秀的创业家，可以不具有精深的技术知识，但必须具有强烈的创新精神和创业意识，有追求成就的欲望，富于冒险精神、忍耐力，具有敏锐的洞察力和高超的决策水平。

阿里巴巴的创始人马云成为中国电子商务网站的开拓者。他曾经说过："我自己觉得，算，算不过人家，说，说不过人家，但是我创业成功了。如果马云创业成功了，我相信 80% 的年轻人创业都能成功。"大学生可以自主创业，但是不能只因一时冲动就毫无计划地去创业。我们应该优先考虑自身条件，是否具备创业者的素质、敏锐的市场洞察力、高超的决策能力，然后再行动。